河北省高等院校人文社科研究青年基金项目（课题编号：SQ192042）

新时代视阈下的中西文化比较研究

吕汝茵　著

華文出版社
SINO-CULTURE PRESS

图书在版编目（CIP）数据

新时代视阈下的中西文化比较研究 / 吕汝茵著. -- 北京 ：华文出版社，2024.1
ISBN 978-7-5075-5839-5

Ⅰ. ①新… Ⅱ. ①吕… Ⅲ. ①东西文化-比较文化-研究 Ⅳ. ①G04

中国国家版本馆CIP数据核字(2023)第137870号

新时代视阈下的中西文化比较研究

作　　者：吕汝茵
策划编辑：杨艳丽
责任编辑：袁　博
出版发行：华文出版社
地　　址：北京市西城区广安门外大街305号8区2号楼
邮政编码：100055
网　　址：http://www.hwcbs.cn
电　　话：总编室 010-58336210　发行部 010-58336267　010-58336202
责任编辑 010-58336191
经　　销：新华书店
印　　刷：北京中献拓方科技发展有限公司
开　　本：710mm×1000mm 1/16
印　　张：14.25
字　　数：195千字
版　　次：2024年1月第1版
印　　次：2024年1月第1次印刷
标准书号：ISBN 978-7-5075-5839-5
定　　价：68.00元

序 言

一

当今世界，政治多极化、价值多元化和文化多样性已成为时代的鲜明主题，而文化又是决定世界文明走向的重要力量之一。在全球化的背景下，随着各国间的经贸往来、人文交流、科技合作日益扩大和深化，文化间的冲突也日益凸显，尤其是影响全球战略格局的中西方文化冲突，无疑是当下受到广泛关注的焦点。近些年，美国出现了反全球化的逆流，随之欧洲、亚洲和大洋洲也出现了不同程度的反全球化倾向，给世界文明的进步和经济发展带来了严重的负面影响。

文化作为人类文明的体现，它的定义众多，英国文化学家威廉斯给出的定义就有470多种。如果按照他的理论进行研究的话，文化比较势必难以进行，倒不如将其视为整体，再分块进行研究。如果从整体上把文化比作一座漂浮在海里的冰山，那么其可见部分主要是语言、饮食、服饰、瓷器、雕塑、建筑、交通工具等，但它们毕竟只是冰山的一角，而隐藏在水下的巨大主体是思维模式、价值观念、风俗习惯、生活方式、行为规范等，它们构成了不同文明/文化的内核，外化成文化传统。

什么是中国文化的优秀传统？什么是西方文化的优秀传统？什么是21世纪人类文明发展的主旋律？只有把这些问题置于全球文化多元共生的大视野中，才能得出清晰的判断。

中国文化的优秀传统包含中国文化的十大核心概念：仁（benevolence）、义（uprightness）、礼（propriety）、智（wisdom）、信（good faith）、忠（loyalty）、孝（filial piety）、廉（honesty）、耻（sense of shame）、勇（courage）。西方文化的优秀传统包含西方文化的十大核心概念：wisdom（智慧）、courage（勇敢）、temperance（节制）、justice（正义）、faith（信仰）、hope（希望）、fortitude（刚毅）、liberality（慷慨）、truthfulness（诚实）、charity（慈善）。

从表面上看，两者都符合人类道德标准，都能促进世界文明的进步，可为什么进入21世纪以来，世界人民对中国文化越来越推崇而对西方文化越来越失望呢？原因在于人们对“知行合一”这一哲学命题的理解与实践。中国人推崇自己文化的“十大美德”，并努力践行之，较好地做到了知行合一，获得了世界人民的称赞。西方人当然也推崇自己文化的“十大美德”，但近半个世纪以来，尤其是近十年，西方对于全球性问题的处理方式，很难获得世界人民的认可和尊重。

二

采取文化比较研究的方法观照中西文化早在20世纪初期就出现了。在新时代视阈下，研究中西方文化差异、剖析造成诸多差异的根源更是一个具有较强现实意义和实践价值的重要课题。作为一个具有学科交叉性质的研究领域，文化比较就是对这一需求的回应。人们的生存方式千差万别，文化的表现形式丰富多彩，加之不同的研究者分析视角不同，研究的侧重点不同，因此这一领域成果纷呈，各有千秋。吕汝茵老师撰写的这本《新时代视阈下的中西文化比较研究》则以其宽阔的视野和新颖的角度给读者（尤其是大学生）提供了一个了解中西方文化差异的新窗口。本书从客观事实出发，对中西方文化不厚此薄彼，而是给予了比较理性而中直的表述。

在思维方式上，中国人偏好形象思维，西方人偏好抽象思维；中国人偏好综合性思维，西方人偏好分析性思维；中国人偏好整体性思维，西方人偏好对立性思维；中国人偏好环形思维，西方人偏好直线思维；中国人偏好内向性思维，西方人偏好外向性思维。这五个维度的特征十分清晰地体现在中西各自语言、价值取向、饮食、服饰、文学、艺术、行为理念甚至国际政治上。单从21世纪的国际政治来看，文化的核心要素——思维方式所起的作用越来越凸显、越来越重要。大国之间合作与竞争甚至对抗的态势主要取决于两对思维方式：整体性与对立性；内向性与外向性。整体性思维和内向性思维必然形成各民族和睦相处，对立性思维和外向性思维往往导致各民族纷争抗衡；简而言之，思维方式的碰撞必然引起国际政治的对抗与冲突。可以说，这两对思维方式统摄全书内容，使其意义连贯，脉络清晰，书中每一个文化案例都能追寻到思维方式的"痕迹"或"身影"，每一个文化案例都是思维方式的映照，这样读者就能在深层次上把握中西文化内涵。本书认为思维方式是形成不同文化的根本性基础，是文化中最核心、最深邃的部分；从思维方式入手就能深入了解中西方文化差异的根本所在。

中西文化比较无疑是一个具有挑战性的课题，它要求研究者不仅要具备两种以上的语言能力，还要具备较强的文化语用分析能力和跨文化阐释能力。通读全书，我们会发现，作者从宏观上把握中西文化的历史脉络，从微观上细致观察具体的文化案例，深刻挖掘文化案例背后的逻辑和内涵，从中展现了作者对新时代视阈下中西文化的新观察、新思考、新成果。同时，本书展现了该青年学者宽阔的文化视野和扎实的学术功底，希望本书的出版对深化中西文化比较研究具有一定的启示意义和参考价值。

张飞龙

2023年1月26日于河北科技大学

内容简介

本书以比较学的视角分析和探讨了中西方文化的内涵和表现特征，共9章，内容涉及思维方式、价值观念、文学艺术、饮食服饰等方面。21世纪以来，中西方文化的交流与碰撞日益加深，文化多元成为新时代的鲜明特征；如何有益地汲取外国先进文化并保持独立的民族文化品格是一个十分重要而现实的课题。本研究有助于读者增强在新时代视阈下对中西方文化的了解，正确认识和理解文化差异，树立民族文化自信，促进多元文化共融。本书适用于高校教师、辅导员和学生，对文化学研究者具有一定的参考价值。

目　录

第一章　文化概说

当今世界，文化多元，有融合，有对立；有包容，有排斥；有借鉴，有批判。我们拥有悠久灿烂的华夏文明，我们在中华文化的哺育下成长，同时，我们还要吸收世界其他国家的先进文化，使自己的文化发展壮大，在新世纪更加焕发出勃勃生机。文化是一个民族的灵魂，是一个民族赖以生存的血液，是一个国家发展壮大的根基。当今世界，国家实力的竞争归根到底是文化的竞争。进入21世纪后，文化的竞争越来越激烈，集中表现在中西文化的相融、竞争与冲突上。

要想了解中西文化的差异，对中西文化进行比较，首先必须弄明白什么是文化，或者说文化是什么。

在现实生活中，我们往往对文化直观的理解是文学、艺术、音乐、戏剧等门类，这样的理解是对的，但不完整、不全面。因为文化是多层次的，它包括社会生活的方方面面，它是一个庞大而又互相关联的网络系统。

文化根植于社会，社会是产生文化的土壤。一些社会学家、文化人类学家和哲学家认为：文化和社会不可分离，两者是统一的，文化就是社会，社会就是文化；人类社会的发展史也是一部文化史。

如今，文化已经成为一个广泛谈论的话题。无论是在口头上还是在书面语上，到处都可以听到和看到诸如中国文化、西方文化、传统文化、流行文化、亚文化、校园文化、社区文化、园林文化、雕塑文化、饮食文化、服饰文化、茶文化、酒文化等表述。那么文化的内涵到底是什么呢？

什么是文化?

《现代汉语词典（汉英双语）》将文化定义为：“人类在社会历史发展过程中所创造的物质财富和精神财富的总和，特指精神财富，如文学、艺术、教育、科学等。”（“The sum total of the material wealth and cultural wealth created by man in the course of the historical development of society, cultural wealth in particular, such as literature, arts, education, and science, etc.”）

第一节 “文化”一词的来源

在西方，“文化”一词来源于拉丁文“cultura”，在英文、法文中演变为“culture”，在德文中演变为“kultur”。在15世纪，culture还是“农耕”“对植物的培育”的意思，逐渐引申到对人才的培养。徐行言认为，在1878年利特雷编纂的《法语词典》中，“文化”已被解释为“文学、科学和美术的修养”。北京大学教授关世杰指出：在近代，英文的culture由日本人首先翻译成“文化”，后来我国也借用了日本人的译法。

其实，在中国古代早就有了“文化”的概念，如“以文教化”、“观乎人文，以化成天下”（以文化物，以文化人，以文化社会）、“人文教化”、“文治教化”。文化，就是“人文教化”的简称。中国文化一开始就有一种精神和人文的指向。从15世纪开始，中国的“文化”已大致与今日西方的“文化”概念相当。

第二节 文化的定义及分类

一百多年来，文化的定义及分类一直是文化学者、人类学家、哲学家、社会学家、考古学家甚至科学家十分关注的问题。文化人类学的创始人英国学者泰勒（E. B. Tylor）在1871年给出了一个被人们广为接受的定义："文化是一个复杂合体，它包括知识、信仰、艺术、道德、法律、习俗，以及作为社会成员的人所具有的一切其他规范和习惯。"① 自从泰勒提出文化的定义以来，不少专家学者从不同的学科角度对文化进行描述，试图给出一个恰如其分的定义，迄今为止各具千秋的定义已达160种之多，蔚为壮观。人们期待着一个世界公认的、令人满意的定义。

之所以对"文化"难以定论，一是因为文化的形成与发展涉及方方面面，视域不同、关注点不同会得出不同的观点；二是不同的语言体系往往会造成描述上的客观歧义。下面我们就以不同的视角做一梳理，初步了解一下文化的特殊性与多样性：

从时间视角呈现出来的原始文化、古代文化、近代文化、现代文化等；

从空间视角呈现出来的东方文化、中国文化、西方文化、欧美文化、海洋文化、大陆文化、尼罗河流域文化、印度河流域文化等；

从社会层面呈现出来的贵族文化、平民文化、民间文化、传统文化、流行文化等；

从社会功用上呈现出来的制度文化、礼仪文化、饮食文化、服饰文化、体育文化、休闲文化、企业文化、校园文化、旅游文化等；

从意识形态上呈现出来的基督教文化、佛教文化、伊斯兰教文化等；

从经济形态上呈现出来的农业文化、工业文化、商业文化、消费文

---

① ［英］泰勒：《原始文化》，连树声译，上海文艺出版社，1992年，第902页。

化等。

因本书探讨的是中西方文化的差异，所以有必要首先厘清“东方文化”“西方文化”“中国文化”“欧美文化”各自的概念及相互联系。

从历史上看，“东方”和“西方”只是一个相对的地理概念。在隋唐以前，中国人把中国以西的地方统称为西方，所以印度也成为西方了；近代以来，欧美把欧洲以东的地区（主要是亚洲）称为东方，包括中国、日本、朝鲜、印度，以及东南亚、西亚、北非等国家和地区，这是地理学上的概念。到了清末，由于受到欧美国家的打击和侵略，西方一词又加上了政治学概念，一直沿用至今。而政治学概念中的西方包括欧美发达国家，不包括中东欧和中南美洲等地的发展中国家。再从经济学概念上看，西方是指那些高度发达的资本主义国家，如美国、西欧国家、北欧国家、加拿大、澳大利亚、新西兰等；而东方是指社会主义国家或欠发达国家。最后从文化学概念上看，西方文化指的是以古希腊—古罗马为源头的以基督教文化为价值核心的思想体系，东方文化占主导地位的是东亚文化，东亚文化指的是以儒家文化为核心的思想体系。简而言之，西方文化以欧美为代表，通常所称的欧美文化其实也就是西方文化；根据国学大师钱穆、任继愈、梁漱溟的观点，东方文化以中国为代表，中国学术界所称的东方文化通常指的是中华文化。

一、国内外四种权威的说法

（一）广义的文化与狭义的文化

人类所创造的一切物质产品和精神产品的所有成果被视为广义的文化，它涵盖了人类社会的方方面面，社会学和人类学通常使用广义的文化概念。

狭义的文化指的是语言、文学、艺术这类精神产品，以及价值观、思维模式、生活方式、行为理念等精神生活。

（二）梁启超的五分法

梁启超，中国近代维新派领袖、学者，学术研究涉猎广泛，以史学研究成绩最著。梁启超称："文化包含众多领域，诸如认识的（语言、哲学、科学、教育）、规范的（道德、法律、信仰）、艺术的（文学、美术、音乐、舞蹈、戏剧）、器用的（生产工具、日用器皿以及制造它们的技术）、社会的（制度、组织、风俗习惯）等。"①这个定义包括认识文化、规范文化、艺术文化、器用文化和社会文化五个方面。

（三）斯特恩的大文化与小文化

加拿大文化学者斯特恩（H. H. Stern）把文化分为大写的文化（Culture with a big C）和小写的文化（culture with a small c）。大写的文化（也称大文化）"包括物质文化、制度文化和心理文化三个方面：物质文化是指人类创造的种种物质文明，包括交通工具、服饰、日常用品等，是一种可见的显性文化；制度文化是指生活制度、社会制度等；心理文化是指思维方式、宗教信仰、审美情趣，还包括文学、哲学、政治等方面内容；它们属于不可见的隐性文化"②。小写的文化（也称小文化）是指"人们普遍的社会习惯，如衣食住行、风俗习惯、生活方式、行为规范等"③。我们认为，斯特恩的定义很有特点和新意，但也有不精确之处，即"小写的文化"与"大写的文化"中的"心理文化"是否有内容上的交叉描述？

（四）文化人类学派的高级文化、大众文化和深层文化

包括英国泰勒、美国麦格奈尔（T. McGonnell）在内的文化人类学派倾向于把文化分为三种：高级文化、大众文化和深层文化。"高

① 梁启超：《梁启超讲文化》，天津古籍出版社，2005年，第98页。

② ［加］斯特恩：《语言教学的基本概念》，上海外语教育出版社，2000年，第317页。

③ 同上。

级文化（high culture），包括哲学、文学、艺术、宗教等；大众文化（popular culture），指习俗、仪式，以及包括衣食住行、人际关系各方面在内的生活方式；深层文化（deep culture），主要指价值观的美丑定义、解决问题的方式，以及与性别、阶层、职业、亲属关系相关的个人角色。”①从内在逻辑上讲，深层文化作用于高级文化和大众文化，它的价值建构或某一种文学概念彰显在高级文化中，它的思维方式又以一种为人处世方式或风俗习惯渗透于大众文化中。

2010年4月15日，在第四届黄帝文化国际论坛上，文化学者余秋雨在演讲中对“文化”进行了最简洁的定义：“文化是变成习惯的精神价值和生活方式。”

文化的定义很多，分类很多。在本节中，我们重点介绍了国内外四种权威的说法，可以从中提炼出它们的要点。

二、各个定义及分类的要点提炼

综合各种定义和分类的内在统一点，我们不妨简而化之，将文化分为“表层次”和“深层次”两种，以便于读者理解记忆。表层次文化是指人创造的、为人服务的，看得见、摸得着的具体存在，如建筑、器物、服饰等；深层次文化是指一套价值体系，默存于人的心灵深处，如思维方式、宗教信仰、审美取向、心理特征等，价值体系是文化中最深邃、最复杂的部分。

我们还可以这样讲，文化是由外显和内隐的两部分构成的。可以将文化比作一座漂浮在海里的冰山：可见部分主要是语言、饮食、服饰、建筑、交通工具等，它们只是冰山的一角；而隐藏在水下的巨大主体是思维模式、价值观念、风俗习惯、生活方式、行为规范等。所以，为了方便理解和记忆，我们不妨把文化分为显性文化和隐性文化。

---

① 江畅、戴茂堂、［美］阿巴诺、［美］麦格勒尔主编《价值论与伦理学研究（2019年卷）》，社会科学文献出版社，2021年，第306页。

第三节 文化的基本特征

一、文化是由人类创造出来的

一切自然形成之物都不是文化，只有经过人创造出来的物品才被视为文化。例如，土不是文化，用土堆起来的墙是文化（元朝北京的外城墙是用土堆成的，现称为“土城”，是北京市重点文物保护单位）；水不是文化，人修的水道才被视为文化（如京杭大运河）；一段树根是自然物，但经过人们的雕刻加工，被制作成根雕作品，就成为文化产物了；食物不是文化，但吃什么、何时吃、怎样吃却是文化。

二、文化是后天习得的

人的知识、技能、思想观念、行为习惯、道德修养不是先天遗传的本能，而是习得的，也就是后天学习、培育的结果，一代代人继承前人的优秀成果而不断地发扬光大。人一生下来，就受到文化的影响，开始了文化化的过程。什么叫“文化化”？一个人在一个特定的文化环境中出生、成长，他无疑受到特定人群和周围环境的熏陶、改造和加工，而这种熏陶、改造和加工的过程就被称为“文化化”。例如，把一个刚生下来的中国婴儿放到印度，让他在印度文化的环境中成长，那他学得的就是印度文化，长大后他在言行举止等方面体现的就是印度文化；若把他放到法国，长大后他在言行举止等方面体现的就是法国文化；若把他放在英国，那他长大后体现的就是英国文化。

三、文化具有强制性

如果你的穿扮不属于我们文化所容许的类型，就可能会遭到嘲笑或干预；如果你的行为举止不属于我们文化所容许的范畴，就会遭到嫌弃、干预，甚至在一定程度上受到社会孤立。文化的规约性有着很大的强制力，无形地强制规范着人们的言行举止。

服饰具有鲜明的文化特征，“洞洞裤”“乞丐服”在西方文化中是被认可的，可是在中国文化中是不被认可的。在中国城市街道上，总能看到女孩子穿着“洞洞裤”“乞丐服”，在国人的审美观念里，这样的着装是很不文雅、不体面的。

四、文化具有相对性

甲文化的某个习俗，在甲社会里是合理可行的，在乙社会里可能部分被接受，在丙社会里则可能是荒谬可笑的，在丁社会里却是大逆不道的。不同的民族文化对习俗的态度是五花八门的。

美国社会学家罗伯逊（Ian Robertson）在他的《社会学》一书中这样描述：世界上有上千个民族，形成了多种多样的文化传统和绚丽多姿的世界文化；每个社会的文化都有其独特之处，都含有其他社会没有的行为准则和价值观念。在某些食物上，比如，美国人偏爱吃牡蛎而反感吃蜗牛；法国人偏爱蜗牛而忌讳吃乌龟；俄国人偏爱牛肉而厌恶蛇肉；中国人偏爱动物内脏而西方人对此非常忌讳，这是世界上不同的饮食文化。关于服饰文化，比如，传统阿拉伯社会的妇女必须遮盖面部；而美国妇女则可以只穿比基尼泳装，甚至在海滩裸体；非洲许多地区的妇女可以裸露胸部和后臀；更有甚者，菲律宾的塔萨代人则终日赤身裸体地生活，这是观念文化使然。

五、文化具有民族性

文化的民族性是文化特征中最为显著的特征，也往往是文化学者进行文化比较研究的切入点和出发点。一种文化总会受到自然环境和社会物质生活条件的制约。民族性对于一个民族来讲，是该民族成员共有的价值观和行为准则，是民族成员得以相互了解、共生共存的基础。当该民族遇到来自外部的危机时，民族性会彰显出巨大的黏合剂功能。各个民族常把自己的文化置于被尊重的中心地位。换句话说，每个民族都对自己的文化有一种民族文化优越感和自豪感。

六、文化是发展变化的

文化是人类创造的产物，并随着时间的推移在不断地发展变化着。当客观环境变化时，文化自然也会随之改变。可以这样说，世界上没有一成不变的文化模式。文化会在不断的变化中获得发展和进步，这是一个不以人的意志为转移的客观过程。文化变化的动力可能产生于社会内部，可能来自社会外部，有的时候甚至可能是另一个社会所强加的。改革开放以来，外国文化对中国文化的影响举目皆是，从牛仔服到肯德基炸鸡，从迪斯科到卡拉OK，从好莱坞电影到圣诞节，从所谓的票选民主到泛化的人权，不一而足。

这些年来，部分年轻人，特别是一些大学生盲目崇尚西方文化和价值观，他们对本民族文化知之甚少，对中华文化的核心价值观失去认同感，审美观念出现了问题。我们应正视这一社会现实，对这些失去了价值判断的年轻人，不失时机地开展中华传统文化教育，引导他们自觉抵制不良网络文化的传播，培养文化自信，使他们成为具有民族情怀和使命担当的青年。

第四节 文化的功能

文化因人类的存在而产生，文化的功能就是人文教化。它在个人、群体、民族、国家各个层面都发挥着重要的作用。

对于个人而言，文化起着塑造人格的作用。家庭教育、学校教育、大众传播等各种教育方式，使得个人逐渐学到有关生活与生产的基本知识和技能，熟悉社会规范，树立生活目标，确立人生理想，培养社会角色，遵守社会秩序，坚持核心价值观，从而形成良好的人格。

对于一个群体而言，文化起着规范行为理念的作用。每一个社会群体由于文化程度不同、经济状况不同、社会地位不同，有着自己的行为理念。例如，大学生作为一个具有特色的高素质群体，其校园文化氛围对学生的精神面貌、学习态度和行为理念起着引导和规范作用，只有形成巨大的合力才能一起朝着共同的目标前进。

对于整个国家而言，文化起着价值观整合和社会导向的作用。在任何社会中，其成员在价值观上都会有差异；在传统文化和主流价值观的熏陶下，绝大多数人会形成大体一致的思想观念。只有价值观一致，才有行为的协调和共同的社会生活。否则，一个国家就会成为一盘散沙。

文化具有导向功能，但文化中的一些亚文化是负文化，如色情出版物和音像制品，它们所发挥的功能就是负向功能，具有很强的导向性和诱惑性。文化不管是正面导向，还是负面导向，对人的影响力和吸引力都是不可低估的。

每个国家和民族都有自己的民族文化，形态各异的民族文化构成了色彩斑斓、丰富宏大的世界文化。每个国家和民族都在竭力维护、发展和弘扬自己的文化。

面对形形色色的文化，我们不禁要问：文化是否有优劣之分？尤其是在讨论中西方文化的时候，这个话题是永远没有办法回避的。

第五节　文化是否有优劣之分？

中西两大文化体系是半个世纪以来世界上最有影响力的文化体系，对世界文明的发展起着举足轻重的作用。那么两大文化体系是否有高下之别、优劣之分？早在19世纪中叶，自西方列强用坚船利炮轰开中国国门以来，中西方文化的剧烈冲突就一直困扰着中国人，特别是富有强烈忧患意识的中国几代知识分子。我国“史学四大家”之一、被学术界尊为“一代宗师”的钱穆在晚年感叹道：“东西文化孰得孰失，孰优孰劣，此一问题围困住近一百年来之全中国人，余之一生亦被困在此一问题内。……余之用心，亦全在此一问题上。”①国学大师季羡林指出：“现在有不少的人对于东方文化与西方文化的真正价值认识不全面，有偏颇。贬低东方，神化西方，都是没有根据的。”②

进入21世纪以来，以欧美为代表的西方文化借助其强大的经济和军事实力，与中国文化交流的同时，更多的是强势入侵。然而面对西方文化的零和思维，我们中国人不卑不亢，理性思考，冷静对待，显示了东方大国的智慧、气度和自信。中西文化出现了碰撞，由此更加引发了关于中西文化孰优孰劣、谁先进谁落后的热烈讨论。

2004年（甲申年）9月3日至5日，在中华文化促进会举办的以“全球化与中华文化”为主题的“2004文化高峰论坛”上，由许嘉璐、季羡林、任继愈、杨振宁、王蒙5位学者发起，73位来自海峡两岸暨港澳及全球各地的华人学者、科学家、教育家签名，正式发表了《甲申文化宣言》。宣言强调，中华文化至今仍是全体中国人和海外华人的精神家园、情感纽带和身份认同，文明多样性是人类文化存有的基本形态；宣言呼吁，各国政府当推行积极有效的文化政策，保护文明多样性，以文明对话来减少偏见与敌意，消弭隔阂与误解。宣言指出：“文明既属于历史范畴，既已成为不同族群的恒久信仰、行为方式和习俗，则理应受到普遍的尊重。我们主张文明对话，以减少偏见、减少敌意，消弭隔阂，消弭误解。我们反对排斥异质文明的狭隘民族主义，更反对以优劣论文明，或者将不同文明之间的关系形容为不可调和的冲突，甚至认为这种冲突将导致灾难性的政治角力和战争。”在提到中国文化的包容性

① 钱穆：《八十忆双亲 师友杂忆》，生活·读书·新知三联书店，2021年，第46页。

② 季羡林：《清华园日记》，北京十月文艺出版社，2020年，第152页。

和思想启示意义时，宣言阐释道：“我们应当与时俱进，反思自己的传统文化，学习和吸收世界各国文化的优长，以发展中国的文化。我们接受自由、民主、公正、人权、法治、种族平等、国家主权等价值观。我们确信，中华文化注重人格、注重伦理、注重利他、注重和谐的东方品格和释放着和平信息的人文精神，对于思考和消解当今世界个人至上、物欲至上、恶性竞争、掠夺性开发，以及种种令人忧虑的现象，对于追求人类的安宁与幸福，必将提供重要的思想启示。”

《甲申文化宣言》在国内外受到了很大的关注，引发了热烈的讨论。后来，很多文化学者、哲学家相继发表了自己鲜明的观点，具有很大的启发性。中西文化比较研究领域的学者辜正坤谈道：“文化是否有优劣之分？具体一点来讲，中西文化是否有优劣之分？我的观点是，站在中西各民族人民互相尊重的人道主义立场上，中西文化不应有优劣之分，但是在许多具体政事与价值观上，中西文化事实上有优劣之分。优劣与否，必经比较才能得到鉴别性结论。”[①]邓晓芒说：“我认为，在一般意义上，历史有进步，文化无优劣。然而，文化虽然无优质文化和劣质文化之分，但在每一具体的历史时期，一种文化总会表现出自己的优势和劣势，因而必须承认有优势文化和劣势文化之别，所谓‘三十年河东，三十年河西’。此时劣势文化如果不吸收优势文化的长处，努力赶上时代的步伐，就会越来越落后，乃至被淘汰。”[②]

我们认为，《甲申文化宣言》的指向是欧美国家，确切地说是所谓的欧美强势文化；辜、邓观点的指向是全世界所有各具特色的文化。在中西文化的比较、鉴别中，凡是具有包容求和精神、推动现代社会发展、推动人类文明进步的就是优秀的文化，就是先进的文化；反之就是低劣的文化、落后的文化，就是与时代发展背道而驰的消极文化。

① 辜正坤：《中西文化比较导论》，北京大学出版社，2007年，第89页。

② 邓晓芒：《世纪之风——中国当代文化批判与人文建构》，湖北人民出版社，2014年，第280页。

第六节 对传统文化与流行文化的思考

一、传统文化

提起传统文化（traditional culture），可能会有不少人发出疑问：面对一个日新月异、新思想和新观念层出不穷的新时代，传统文化是不是过时了？对我们当今人格的塑造和现代社会的发展还有没有价值？

我们可以自豪地说，中国传统文化非但不过时，还在焕发着无限的生机。纵观人类历史，一共出现过26个文化形态，时移世易，至今只有七八个文化形态依然在延续传承。那些衰落消亡的文化形态，如古巴比伦文化、古埃及文化、古印度文化等早已变为历史尘埃，而中华民族、中华文化在几千年的历史长河中奔流不息，不曾中断过，而且越来越展现其旺盛的生命力和巨大的魅力。传统美德依然浸润于社会之中，道德修养依然是人们的不懈追求。这一切足以说明，我们的传统文化不但没有过时，反而更有着顽强生存的磅礴伟力。

然而我们也不得不承认，在国家飞速发展的几十年中，国外各种思潮甚至颓废没落的东西一拥而入，中国传统文化遭遇了严重冲击，社会上出现了唯利是图、信仰缺失、道德滑坡的现象，好多人迷失了方向。

美国是现代西方文明的代表，美国的科学文化为人类社会发展作出了巨大贡献。然而当今的美国，政治乱象丛生，自由主义泛滥。世界局势动荡不安，多少人流离失所，饱受战争创伤。巴以冲突、海湾战争、科索沃战争、叙利亚内战、阿富汗战争，一场场战争使得自然环境恶化，经济贸易遭受重创，文明遭受破坏。

面对几十年来日益动荡不安的国际社会局势，全球政治家、哲学家、社会学家、教育家、战略家无不忧心忡忡，在苦苦寻求救世之良方。被誉为“20世纪最伟大史学家之一”的英国著名历史学家、哲学家汤因比博士（Arnold J. Toynbee）就提出了鲜明而准确的论点，充分肯定了中国儒家思想的积极意义。中国传统文化为什么能有如此强大的生命力和建设性的作用？是因为中国传统文化的核心就是道德教育与包容胸怀。“世界需要中国古老文化理念的推广和实践，中国传统文化的普及和复兴必会带来人际关系的和谐、社会的长治久安，可持续发展才得以平稳实现。”①

所以，我们全社会需要优秀传统文化的回归。传统文化不仅不过时，而且是人格塑造和社会发展所必需的，必将在新时代绽放出异彩。

二、流行文化

通俗地讲，流行文化（popular culture）是指时装、时尚、娱乐等流行生活方式；从文化学概念上来看，流行文化包括消费文化、休闲文化、都市文化、大众文化、亚文化，是一个内容丰富、成分复杂的总概念。

关于消费文化，张飞龙博士认为：“当今的日常生活中，我们每时每刻都处在消费的旋涡之中。我们不一定每天购物，但是我们不得不每天消费来自各种媒体的信息或者电视娱乐节目。我们不一定参加重大体育赛事，不一定每天都看小说或者电影，但是我们不得不面对周围人（或者同事，或者同学，或者亲朋好友）追逐时尚的举动。类似的文化消费和审美消费在我们的日常生活中每天都会发生，从而形成了当代人的特定存在方式和生活风格。”②消费文化贯穿于流行生活方式之中。从经济学角度来讲，消费是经济发展的主要动力，是拉动国民经济的“三驾马车”（投资、消费、出口）之一。消费文化又反映出经济与文

① ［英］阿诺德·汤因比：《历史研究》，郭小凌等译，上海人民出版社，2010年，第167页。

② 张飞龙：《消费文化——神圣与世俗的战争》，河北教育出版社，2015年，第2页。

化的密切关系。

英国文化学者斯特里纳蒂（Dominic Strinati）指出："流行文化就是那类普遍可得的人工制品：电影、CD或VCD、时装、电视节目、沟通和交流的模式等。"①他批判性地评介了当代西方社会中有关流行文化的主题。流行文化的声色感受、流行文化的直观刺激、流行文化的绚丽形式，在当代青少年生活中无处不在，它们迎合了身心未定的、缺乏判断能力的青少年。

流行文化的显著特点就是疾速传播，来得快，走得也快，各领风骚三两年。而传统文化是靠一代代人传承下来的，是古圣先贤智慧积淀的产物，在历史的发展过程中润物细无声地滋养着人们的心灵。流行文化与市场密不可分，流行文化的疾速传播往往有一个强劲的动力推动，这个动力就是市场利益驱动。市场的动向和变化吸引着资本投资人，他们的产品要获得市场的青睐，必须进行造势宣传，于是铺天盖地、形形色色的广告扑面而来。不同产品一波波的广告热浪吸引了人们的注意力，满足了人们喜新厌旧的心理，激发了人们的购买欲望，以此形成一种大众消费趋向。这些年来，无论是我们的审美、服装、饮食，还是我们的认知等各个方面，都在被外来文化潜移默化地影响着。

总而言之，全球跨文化交际日益频繁而广泛，多元文化成为这个时代的主题。有的文化倾向是健康、先进和包容的；有的文化倾向是不良、落后和霸凌的。我们应以博大的胸怀、理智的态度及批判的精神面对这一国际社会现实，大力强化自己的文化身份，树立文化自信，塑造独立的文化品格，内化于心，外化于行，践行中国文化的核心价值观。

在本章的最后，我们应强调文化自信这一时代主题。在"四个自信"中，文化自信是民族强大之魂，文化自信是支撑道路自信、理论自信、制度自信的基础，是一个国家、一个民族在现代化进程中重要、深

---

① ［英］斯特里纳蒂：《通俗文化理论导论》，阎嘉译，商务印书馆，2001年，第49页。

沉、持久的力量。我们在大力发展经济、提升综合国力的同时，更应该增加对民族文化的认同和自信；对外来文化不能全盘接受，应处理好借鉴与批判的关系。

楼宇烈在其著作《中国的品格》中指出："要树立中国文化的主体意识，没有文化的主体意识就没有自信和自尊，要自信和自尊就要深入了解中国文化。"[①]在五千余年的人类历史长河中，中华文明是唯一不曾断代的古老文明，中华文化灿烂悠久，博大精深；在有文字记载的三千年中，中华民族遥遥领先世界达两千年之久。古老的文明使中华民族屹立东方而不倒，进入新世纪后，正以崭新的面貌和姿态活跃于世界舞台，倡议并引领广大国家构建人类命运共同体，我们的祖国正在变得越来越繁荣富强。

中国现代思想家、国学大师马一浮先生说过："国家生命所系，实系于文化，而文化根本则在思想。"习近平总书记指出："文化是一个国家、一个民族的灵魂。文化兴国运兴，文化强民族强。没有高度的文化自信，没有文化的繁荣兴盛，就没有中华民族伟大复兴。"文化自信再怎么强调都不过分；没有文化自信，文化复兴就缺少了灵魂支撑，民族复兴就缺失了根基和动力。习近平总书记在2021年12月14日中国文联第十一次全国代表大会上又一次强调："增强文化自觉，坚定文化自信，展示中国文艺新气象，铸就中华文化新辉煌。"归根到底，我们伟大的民族复兴根植于文化复兴，文化复兴依赖于文化自信。

---

① 楼宇烈：《中国的品格》，四川人民出版社，2015年，第209页。

第二章　中西方思维方式之比较

从生理学和心理学的角度来讲，思维方式是一个十分复杂的概念。简而言之，思维方式就是看待事物的角度和方法，它对人们的行为理念起着决定性的作用。由于文化背景不同，人们有着不同的思维类型，不同的思维类型形成不同的思维方式。思维方式的形成主要由知识、观念、情感、语言、心理等要素有机结合推动，这些要素在相互作用下形成了一个动态而复杂的系统。而思维方式的差异也就是这些要素各自的特征所决定的。

思维方式与时代、地域、民族个性密切相关，在本质上，思维方式的差异是文化差异的表现。从宏观角度看，全世界分为东方、西方两大地域；东方几千年来以中国为代表，西方在古代以古希腊、古罗马为代表，在近现代以美国、欧洲为代表。东方和西方在历史的进程中形成了两大不同的文化体系，或者说两大不同类型的思维方式。由于不同的地理环境、政治制度、生活方式、心理特征、风俗习惯、宗教信仰、语言文字等因素，东方和西方的思维方式从总体上看具有不同的特征。连淑能认为：

“东方人偏重人文，注重伦理、道德；西方人偏重物质，注重科学、技术。

“东方人重悟性、直觉、意象；西方人重理性、逻辑、实证。

“东方人好静、内向、守旧；西方人好动、外向、开放。

“东方人求同、求稳，重和谐；西方人求异、求变，重竞争。”[①]

---

① 连淑能：《论中西思维方式》，《外语与外语教学》2002年第2期，第43-49页。

第一节 形象思维与抽象思维

中国人偏好形象思维（imaginal thinking）；欧美人偏好抽象思维（abstract thinking），也叫逻辑思维（logical thinking）。

一、形象思维与抽象思维的关系

所谓形象思维指的是“人在头脑里对记忆表象进行分析综合、加工改造，从而形成新的表象的心理过程，它是思维的一种形式，即通常的想象”[①]。

艺术家和文学家思维时就进行着这种形象的加工改造和组合的活动，比如，构思一幅画、一座雕塑、一个情节、一个戏剧场景等，都要进行形象思维。

抽象思维指的是人们对客观事物进行概括分类，形成概念，并运用概念进行判断和推理的一种思维活动。

人的形象思维和抽象思维并不是彼此独立、泾渭分明的，而是彼此关联、相互渗透的。人在解决问题的过程中不可能仅仅运用一种思维，而是经常要运用各种思维。而不同职业的人在进行思维活动时常常有所偏重，比如，文学家、画家、雕塑家等偏重形象思维；数学家、物理学家、生理学家、计算机专家等偏重抽象思维。文化传统的不同也对人们形象思维和抽象思维的偏好有所影响。

二、中国人形象思维发达，但抽象思维不发达

在特定的历史条件下，中国人偏重发展了自己的形象思维，因而以形象思维发达著称于世。例如，在浩瀚的中国文学著作中，形象类比的

---

① 俞蕾、韩亚文：《试论中西方思维方式差异在文化上的体现》，《淮海工学院学报（社会科学版）》2005年第2期，第84-89页。

手法很常见，从“四书五经”到唐诗宋词元曲，形象类比的方法运用得相当普遍，都是用形象比喻讲明道理的。

“四书五经”是“四书”和“五经”的合称，是中国的儒家经典。“四书”指的是《大学》《中庸》《论语》《孟子》，《大学》为“四书”之首，是儒家入门著作。“五经”指的是《诗经》《尚书》《礼记》《周易》《春秋》，简称为“诗、书、礼、易、春秋”；在此之前，还有一本《乐经》，合称“诗、书、礼、乐、易、春秋”，这六本书也被称作“六经”，但其中的《乐经》后来亡佚了，就只剩下了“五经”。“四书五经”是儒生学子的必读书目，在儒家文化中占有崇高的地位。

从“四书五经”到唐诗宋词元曲，形象类比的方法，运用得很普遍，如《诗经》首篇《关雎》中的“关关雎鸠，在河之洲，窈窕淑女，君子好逑”。在儒家的“五经”中，《周易》是最集中使用形象类比思维方法的。

中国古人以形象思维见长，突出思维中的表象作用，而忽视逻辑的深层力量，因此逻辑思维不发达。例如，在儒家思想里，“仁”是最重要的核心概念之一，《论语》有109处讲到“仁”，可是孔子根本就没有明确阐释出它的内涵，使得后人众说纷纭，莫衷一是，不了解“仁”的本义究竟是什么。中国人的逻辑思维不够发达从中可见一斑。

再一个例子是1898年出版的《马氏文通》，作者马建忠精通拉丁语、希腊语、英语、法语等多种西方语言，又对中国古籍研究有着深厚的学术造诣，长期从事汉语与西语之间的翻译工作，具有较为清晰和完整的语法观念，更重要的是他把撰写语法著作视为发展民族文化、振国兴邦的良策之一。《马氏文通》是我国第一部用现代语言学理论研究中国语法的著作，但它远远晚于印度公元前500年语法学家帕尼尼的《梵语语法》和希腊公元前100年的《语法术》。这两部语法著作在世界四大文化体系中长期处于领先地位，这从一个侧面反映出中国人的抽象思维略逊于印度文化、希腊文化和伊斯兰文化体系一筹。

三、象形文字与中国人形象思维的关系

象形文字经过几千年的演变，象形的特征已逐渐减少，但是，仍有许多汉字依然保持着古老象形的特征，汉字的形象性在人们学习汉语的过程中仍在发挥作用。

举个例子，一个在美国大学任教的中国教授告诉美国学生如何认识汉字，他列举了四组汉字让他们辨认：山、川；鸟、马；木、火；口、耳。他问学生，在这八个汉字当中，哪个是mountain、river、bird、horse、wood、fire、mouth、ear？结果使得美国学生惊叹汉字的构成特点和汉语的魅力。反过来，要让没有英文基础的中国学生辨认英文里mountain和river哪个是山，哪个是川，那是无从判断的。

一个汉字本身就包含了形、音、义三种元素，字形、字音和字义之间有着十分密切的关系。同时，汉字的形、义之间的联系大大强于音、义之间的联系，这是有别于拼音文字的显著特点。拼音文字中，形、义之间没有关联；形、音之间更没有关联，两者出现了分离现象。

中国人的形象思维创造了汉字，汉字又发展了中国人的形象思维。汉字的形状与形象思维紧密相连。还有，一个音通过四声形成了众多的汉字，每个汉字在其所组成的词里都读相同的音（当然也有多音字在读音上会发生变化）。比如“机器”的“机”，这个音固定，在其所组成的词里，都念同样的音：发动机、电视机、洗衣机、手机，等等。而英语就不是形象思维而是抽象思维的产物。26个字母通过不同的音节组成了几十万个单词，无疑加重了人们的记忆负担，而且某一个字母的读音不固定，总在变化。比如字母a，它在不同的单词里有不同的读音，比如age、apple、all、alive，等等。

可以说，象形文字是造成中国人形象思维发达的重要因素之一。

四、形象思维的不足之处

中国人的形象思维发达，在写诗、填词方面表现得非常突出，在技术制作上也是成就斐然，因为技术性的东西与现实生活紧密联系，也是需要很强的想象力的。至少在16世纪以前，中国的技术是领先世界的。但技术上发达，理论却没跟上去，重视直观经验，对问题缺乏系统和理论的阐述，这是抽象思维不足造成的。这就从思维方式上解释了为什么中国古代理论科学薄弱。

可能有读者会说，既然中国的技术是领先世界的，那么科学也应该领先世界，因为先进的技术需要先进的理论来指导呀。事实是这样的。但问题是许多人容易把科学和技术等同起来，这是不正确的。科学趋向于理论性，而技术趋向于实践性。科学不等于技术，技术不等于科学。与西方社会相比，古代中国的技术是非常发达的。至少在16世纪以前，中国的技术犹如一颗颗璀璨的明珠，遥遥领先于世界；16世纪以后，西方的技术才日新月异地发展起来。

按照英国科学家李约瑟的统计，西方的科学技术成就85%以上来自中国。这就使不少西方人感到奇怪，中国古代的科学理论薄弱，而技术却莫名其妙地发达。为什么技术这么发达，而科学理论薄弱呢？这不是矛盾吗？其实是不矛盾的。实际情形是：技术需要非常强的想象力。某个东西该怎么制造，技术发明人往往趋向于先把那个东西在大脑中构想出来，然后付诸实践。当人类科学技术向纵深发展后，光靠形象思维发达是不够的，还要有很强的抽象思维支撑，这样才能把科学技术深入下去，比如爱因斯坦的相对论。

第二节 综合性思维与分析性思维

中国人偏好综合性思维（comprehensive thinking）；欧美人偏好分析性思维（analytical thinking）。

一、综合性思维和分析性思维的关系

综合性思维是指“在思想上将对象的各个部分联合为整体，将它的各种属性、方面、联系等结合起来”①。

分析性思维是指“在思想上将一个完整的对象分解为各个组成成分，或者将它的各种属性、方面、联系等区分开来”②。

分析和综合既有相互对立的一面，又有两者统一的一面。在认识一个事物时，不将客体一一分解，就不能由外而内地把握其本质，分析研究只能停留在事物的表面上。同样，不将客体的各个部分综合起来，就不能在全局上把握一个事物，得出的结论往往是片面的认识。因而在认识一个概念或事物时，分析与综合不能偏废，两者在思想活动中是互不可分的。

“由于中国人偏好综合，导致了思维上整体（holistic）优先，而英美人偏好分析，导致了思维上部分（partial）优先的思维操作的特点。”③这一点在语言运用上表现得尤为突出。

① 关世杰：《跨文化交流学》，北京大学出版社，1995年，第110页。

② 同上。

③ 同上。

二、两种思维方式差异的表现

（一）在日常生活中流露出的思维倾向

中国人办事倾向于整体意识，讲究综合方法，大事小事都干，不计报酬和得失，讲包容，能“吃亏”；英美人做事一事一议，工作分配什么就干什么，任务分得很清楚，职责分明。

中国人讨论问题注重宏观，整体把握，围绕涉及全局的问题展开讨论；而英美人讨论问题强调微观，常从具体问题入手，注重细节，条分缕析。

（二）泾渭分明的时间和空间表达方式

在时间和空间表达上的顺序非常直观地反映了中国人整体优先、从整体到部分的思维方法。请看：年→月→日→时→分；国家→省→市→街道。英美人恰恰相反，时间和空间的表达顺序是这样的：分→时→日→月→年；街道→市→省或州→国家。

（三）截然相反的姓与名排列顺序

在社会关系的属性上，即姓与名的排列顺序上，中国人遵循的也是整体→部分→个体的顺序：姓→辈→名；而欧美人（匈牙利人除外）则是遵循个体→部分→整体的顺序：名→父名→姓氏。

例如，何绍基、何绍业、何绍祺、何绍京，“绍”是表示辈分的，说明他们之间是平辈的。

在亚洲，如朝鲜、日本、越南、柬埔寨等国的姓名结构形式与我国大体相同。如朝鲜作家赵基天，赵为姓，基天为名；日本作家小林多喜二，小林是姓。

在英美语系中，姓名的结构形式一般有两种：一是名字·姓，如威廉·莎士比亚（William Shakespeare）；二是名字·中间名·姓，如英国19世纪浪漫主义诗人乔治·戈登·拜伦（George Gordon Byron）。

中间名有的采用父亲的名，有的采用母亲的姓，还有的采用亲戚或至交的姓，可谓五花八门。拜伦的中间名“戈登”是父名；马克·吐温（Mark Twain）原名为萨缪尔·朗赫恩·克莱门斯（Samuel Langhorne Clemens），其中间名“朗赫恩”也是父名；美国前总统里根的全名为罗纳德·威尔逊·里根（Ronald Wilson Reagan），其中间名“威尔逊”是里根母亲的娘家姓。

在西班牙语系中，姓名的结构形式与英美不同，通常为名字·父姓·母姓，如《堂吉诃德》的作者米盖尔·塞万提斯·萨阿维德拉。

在俄罗斯语系中，姓名结构的顺序一般为：名字·父称·姓，如列夫·尼古拉耶维奇·托尔斯泰。尼古拉耶维奇是父称，意思是“尼古拉之子”。父称有男性和女性之别。一般男性父称词尾为“维奇”，意为某某的儿子；女性父称词尾为“夫娜”，意为某某的女儿。

（四）题目选择的不同着眼点

大学生在选择论文题目时，中国学生爱选大题目，显得有气魄，其实很难谈透；欧美学生选题一般比较具体，小中见大，分析得透彻。这也是两种文化思维特点的一种反映。

（五）从中国“三大国粹”看两种思维方式的差异

1. 中医

中医认为，“人体是各个部分器官有机联系起来的一个整体，并用阴阳五行学说来说明五脏之间相互依存、相互制约的关系”①。中医学理论指导下的医学实践就是中国人综合性思维的典型例证。

《黄帝内经》是中医宝典，它是一部集中体现中国人综合性思维特征的权威经典。望闻问切，以辨证施治的整体观治病防病。中医治病

① 方汉文：《比较文化学》，广西师范大学出版社，2003年，第203页。

从全局着眼，不是头疼医头，脚疼医脚，而是从五脏六腑功能之间的相互联系上查找病因，辨证施治，用针灸、按摩或中药调理。而西医则根据器官实体的生理结构来解释病理现象，对头部做个CT，对肝胆做个核磁共振，对心脏做个支架，对身体某个部位实施手术，单纯用西药治疗。中西医各有优长，可以互补。中医是综合性思维的产物，西医是分析性思维的产物。不少人说：我就觉得西医好，不相信中医；还有不少人说：我就觉得中医好，不相信西医。其实，这是东西方不同的思维方式形成的两种治病理念和方法，各有利弊，应互相取长补短才对。

2. 京剧

京剧是中国影响最大的戏曲剧种，是戏剧艺术的结晶，是综合性表演艺术。京剧集唱（歌唱）、念（念白）、做（表演）、打（武打）、舞（舞蹈）于一体，在文学、表演、音乐、舞台美术等方面通过程式化的表演手段叙演故事，刻画人物，表达“喜、怒、哀、乐、惊、恐、悲”的思想感情。角色可分为生（男性）、旦（女性）、净（男性）、丑（男性、女性皆有）四大行当。人物有忠奸善恶之分、美丑雅俗之别。各个人物性格鲜明，形象饱满，引人入胜。“京剧艺术在西方的艺术里，可以分解为歌剧、舞剧、话剧。在西方艺术中，歌剧是只歌不舞；舞剧是只舞不歌；话剧是不歌不舞。”[①]从某种意义上讲，西方剧种形式简单，表演单调；中国京剧形式复杂，表演厚重。

当今中国的歌剧、舞剧、话剧和芭蕾舞不是国产的，而是五四新文化运动时期陆续从西方传入我国的。有趣的是，西方芭蕾舞只舞不歌，这种艺术引入中国不久，就被中国的综合性思维方式给本土化了，在20世纪60年代就既舞又唱了。现代芭蕾舞剧《白毛女》《红色娘子军》都是如此被改造并成为经典剧目的。这是中国人综合性思维在艺术审美情趣上的又一体现。

---

①　方汉文：《比较文化学》，广西师范大学出版社，2003年，第249页。

下面简要谈一下具有西方思维特征的剧种。

西方世界有经典的“十大歌剧”：《卡门》《图兰朵》《茶花女》《浮士德》《奥赛罗》《乡村骑士》《蝴蝶夫人》《艺术家的生涯》《弄臣》《费加罗的婚礼》。西方世界有经典的“十大芭蕾舞剧”：《天鹅湖》《睡美人》《胡桃夹子》《罗密欧与朱丽叶》《吉赛尔》《魔法师之恋》《仙女们》《火鸟》《堂吉诃德》《海盗》。《天鹅湖》是世界上最出名的芭蕾舞剧，也是所有古典芭蕾舞团的保留剧目。

从上面这些耳熟能详的西方传统剧目看，我们可以说，西方没有类似中国京剧那样的综合性剧种。但艺术也在与时代同步发展，西方剧种借鉴了中国京剧的表现手法，于20世纪初诞生了一门新兴的综合舞台艺术，叫作音乐剧（musical theater）。音乐剧富于幽默情趣和喜剧色彩，集歌、舞、剧于一体，也称得上是一门综合艺术，但远不如中国京剧那样综合性强。它是19世纪末起源于英国的一种歌剧体裁，某种程度上是歌剧的延续，是歌剧的现代变种。简单来说，音乐剧大多是通俗唱法，歌剧是美声唱法，不过音乐剧也有用美声唱法的。

西方四大音乐剧之一的《猫》，自1981年伦敦首演以来，往往一票难求，至今仍是纽约百老汇及伦敦最卖座的音乐剧，堪称西方音乐剧史上的一部经典；2004年4月首次在北京人民大会堂上演，国家领导人出席，盛况空前。

3. 国画

中国艺术重主观，西方艺术重客观。在绘画上，中国画与西洋画也蕴含了不同的思维方式，主要表现在四个方面：（1）中国画重神似，在综合性思维上着墨；而西洋画重形似，在分析性思维上着墨。（2）中国画不注重透视法，山水重重叠叠，作画跟写诗一样，想到哪里画到哪里，不受透视法的拘束；而西洋画注重透视法，力求相似真实。（3）中国画不讲解剖学，人物画重在描写人物的姿态和特点，不讲人物各部位的尺寸；而西方人物画注重解剖学，突出人物的骨骼、肌肉、形状。（4）中国自古诗书画同源，中国画本质上属于文学范畴，配合诗文书法表达意境，是典型的文学创作；而西洋画与其他艺术门类无关，缺乏艺术厚重感。“在国画的画卷中，不仅有图画，而且常配有诗词、书法、篆刻等多种内容。这也是中国人综合思维习惯的一种流露。而西洋画中，绝无诗词、书法、篆刻，最多是在画中签上作者的名字。”①

中国画注重神韵，崇尚意境，追求气韵生动，“作画妙在似与不似之间”（齐白石语）。水墨大写意是民族艺术精神的集中体现，是用笔用墨大胆奔放，不求造型细腻逼真，只求造型神似的一种表现形式。它着力追求大格局、大气象、大境界，突出对画面整体神韵的把握。

几百年来，涌现出了八大山人、石涛、黄慎、任颐、吴昌硕、齐白石、张大千、黄宾虹、傅抱石等众多自成一格的写意画大家，创作了无数光照千古的水墨写意画珍品，在中国美术史上留下了璀璨的一页。

西洋画注重写实，必须描绘得与真人一模一样。西方绘画逻辑很清晰，就是客观逼真地反映现实。西方人以技法复制现实，可以理解为原始的摄影产业，研究光影、色彩、造型、结构、表现技法等，很明显这就是摄影技术的1.0版本；本质上，就是用原始的手工光影技术对现实进行高仿复制的摄影工作。所以，当真的摄影技法普及以后，整个欧洲绘画界就陷入了困顿，追求高仿已经没有了价值，于是就开始转向了怪诞的艺术表现形式。从莫奈到梵高，从毕加索到杜尚，他们是现代艺术的集大成者，是西方现代派绘画的主要代表。

反观我国几十年来有些“写实素描”加“中国笔墨”的创作实践和部分中国画，无疑是倒向了西方而迷失了自己，结果是既没有达到西方古典主义绘画的精确，也失掉了中国画的笔墨法度和深刻的文化内涵。

---

① 梁漱溟：《东西文化及其哲学》，商务印书馆，1999年，第81页。

（六）两种思维方式形成的模糊性与精确性

中国人在分析问题时注重从整体着眼，把握事物的总体特征，这是个优点，但有时也是个缺点。这样往往造成对细节的忽略，在描述上不甚求精确、清晰，给人以笼统、粗略的印象。当然，整体思维方式对把控全局有非常大的作用。

西方人注重从事物的部分着眼，把握事物的全部，强调细节的作用和逻辑的力量。对事物分门别类、条分缕析，重视定量分析和准确计算，这种求细求准的思维导向促进了数学、力学、物理学、化学、天文学、生物学等学科的确立与发展，推动了全世界科学技术的巨大进步。可以说，西方人的分析性思维方式确实对人类文明进步作出了重大贡献。

第三节　整体性思维与对立性思维

中国人偏好整体性思维（integral thinking）；欧美人偏好对立性思维（contradictory thinking）。

一、两种思维方式的形成基础

中华文明根植于农耕文明，土地与农业关乎中华民族的生存与发展。粮食生产离不开风调雨顺，繁衍生息离不开大自然的恩赐。因此，为了在土地上能够发展生产，能够生存下去，就必须处理好人与自然的关系，即人与天的关系。长期生长在农业文化氛围内的中国人把人与自然视为一个有机的整体，特别注重人与天地之间的和谐和万物的融合贯通，由此便形成了“天人合一”的宇宙哲学观。

什么是天人合一的“天”？第一，天空（sky），大自然的天空；第二，在老百姓心目中的上帝（God）或者神；第三，天理（the heavenly principles），指某种最高的原理；第四，天命（fate，destiny）。“天”至少包括这四个方面的含义，不是简单指天空。

“天人合一”视天道与人道为一体，天中有人，人中有天，如“天人之际，合而为一”（《春秋繁露》），“天地与我并生，万物与我为一”（《庄子》），人可“与天地合其德，与日月合其明，与四时合其序”（《易经》）。古圣先贤们把这种思想描绘成了一种物我不分、物我两忘的诗意境界，形成了天人同体同德、万物有情有义的宇宙观。这种思想把自然融入人心，把客体渗入主体，把天道化入人道，呈现了人类美好的愿望。

整体性思维“把人与自然、人间秩序与宇宙秩序、个体与社会看作一个不可分割、互相对应、互相影响的有机整体，把自然、社会、人生放在关系网络中，从整体上综合考察其有机联系，注重整体的关联性。在这个整体结构中，身心合一，形神合一，精神与物质、思维与存在、主体与客体合一”[①]。

“中国文化自古就认为世界应是一个和谐整体，这个观念深深影响了中华民族的思想和行为，成为中国人处理人与人、人与自然乃至国与国关系的重要价值观。”[②]

钱穆认为，“天人合一”所蕴含的天道与人道、自然与人文的合一，不仅是中国道德精神、人生修养的终极目标和最高境界，而且也是中国文化的最高信仰和主要精髓所在。正是这种天人交贯、主客互融的天人谐和思想，构成了中国人的宇宙哲学观，构成了中国文化最显著的特征之一。中国人形成了顺应自然，与天地万物协调共存、生息相处的人生观。

但在中国哲学史上，也有人讲“天人对立”，不赞成“天人合

① 刘凤霞编著：《跨文化交际教程》第二版，北京大学出版社，2009年，第177页。

② 国务院新闻办公室：《中国的和平发展》白皮书，2011年9月。

一”。两个代表人物是荀子和刘禹锡，当然他们的观点只是小小的支流而已。

对立性思维是西方文化的典型特征。西方文化源自古希腊、古罗马，地处海滨及近海各岛屿，这种“内不足”的经济状态促使西方人不断向外寻求，注重空间的扩展和向外征服，表现出征服自然、驱使天地的强烈欲望，从而形成了“天人对立”（或“天人相分”）的宇宙哲学观。

培根提出了“知识就是力量”的口号。西方人认为，只有凭借人的智慧和科学的力量才能征服自然、宰制天地。康德从哲学的角度讨论人与自然的关系，提出“人为自然立法”。马克思认为，“自然”是劳动的对象，是主体活动的现实客体。因此，征服自然成了西方文化永恒的价值，成了西方科学的历史使命。

19世纪英国历史学家亨利·巴克尔在他的《英国文明史》中说：“全部文明的进程是以精神法则战胜自然法则——人战胜自然为标志的。”[①]从荷马史诗《奥德赛》（*Odyssey*）以一万两千余行的诗句叙述希腊英雄十年海上历险的故事到海明威《老人与海》中表现的面对自然虽败犹勇的抗争精神，这是西方人眼中对自然的光荣征服史。现代人把自然的范围扩展到宇宙太空，又演出了星球大战的主题。这种探险精神体现了西方人的宇宙观，把宇宙自然看作人类的对立面，必须以强大的勇气加以役使和征服。与此同时，这种宇宙观也推动了西方科学技术的高度发达。

从培根以后，一直到19世纪、20世纪，日新月异的西方科学技术取得了巨大的成就，然而高度发达的科学技术肆意榨取了地球珍贵而稀缺的资源。西方国家过度消费，打破了生态平衡，造成了对大自然的严重破坏。这种征服自然、贪婪无度、杀鸡取卵的极端主义行径已经遭到了

① ［英］博克尔：《英国文化史》，胡肇椿译，商务印书馆，1936年，第193页。

大自然的报复，且必将遭受更加严酷的惩罚。

二、两种思维方式的辐射

（一）在语言上

汉语句子的格局具有整体性，不在意单个语法结构发挥的作用，而注重的是意义、逻辑、韵律三者互为关联，浑然一体。单个词组或句子的语言指向离不开上下文环境，其特定的语言价值应在整个句子格局下才能体现出来。

例如，贾岛的《寻隐者不遇》：“松下问童子，言师采药去。只在此山中，云深不知处。”全诗中没有主语。谁在问？谁在回答？谁在此山中？谁不知道谁的去处呢？从单句中看不出来，但纵观全诗，从上下文中就知道是诗的作者在问，童子在答，师父在山中，童子不知师父的去处。

这首诗要译成英语，必须补上相应的主语。举个简单的例子，“下雨了”，英语中必须说“It rained.”；“现在9点了”，英语中必须说“It is 9 o’clock now.”。这个it不能省略。

（二）在文学作品中

《再别康桥》是被称为“自然之子”的现代诗人徐志摩的佳作。他在诗中抒发了同自然产生的心灵深处的共鸣与契合。大自然的纯净和谐，他对大自然的亲近、投入和体验，深深地内化了诗人的精神世界。由此可见，人与自然的和谐，这种自然价值理念已融入中华民族五千年的血脉之中。

海明威的诺贝尔文学奖作品《老人与海》被西方誉为“影响历史的百部经典之一”。作品反映了人类与大自然顽强抗争的精神。老渔夫圣地亚哥始终没有向大海、没有向大马林鱼、更没有向鲨鱼妥协和投降。“我可以被摧毁，但我不能被征服。”“我可以失败，但我绝不能被击败。”书中原文是：“不过，一个人并不是生来要被打败的，你尽可以消灭它，可就是打不败它。”（“But man is not made for defeat, a man can be destroyed but not defeated.”）老渔夫圣地亚哥无论是成功，还是失败，都是值得敬重的，因为他带给人类的是最为高贵的自信。他将永远是一个真正的胜利者。

提到诺贝尔文学奖，我们不得不问：为什么中国文学作品直到2012年才获得诺贝尔文学奖？

主要有两种观点：

第一，中国文学作品不符合西方文学的审美观。西方人喜欢像海明威那样颂扬拼搏、竞争、挑战的文学作品，而不喜欢像很多中国作家那样颂扬和谐、包容、忍耐的文学作品。要想获得诺贝尔文学奖，必须符合西方人的思维方式，迎合西方人的审美情趣。否则，再优秀的中国文学作品也会被排斥在诺贝尔文学奖之外。从1901年首次颁发诺贝尔奖以来，已有100多位文学奖得主了，其中欧美人占了80%以上，只有少数是亚非拉作家。不可否认的事实是，在诺贝尔文学奖和和平奖的评审过程中，会受到意识形态的影响，西方人的价值观左右一切。

第二，翻译上不能充分表达中文意境。诺贝尔文学奖评审委员会是根据汉译英或汉译法来判断汉语作品的优劣，而不是原汁原味地直接阅读中文作品。评委会有18个评委，在评奖历史上，只有过一人是懂中文的。由于翻译质量不高，影响了评委会的准确判断。

这种说法有道理，但也有值得商榷的地方。难道100年来，就没有高质量的译文？我们不乏高水平的翻译家，比如既是作家又是翻译家的林语堂。林语堂的英文造诣就连英美人都啧啧称赞，遗憾的是，不知何故他没有翻译过具有问鼎诺贝尔奖实力的中国文学作品，或是已经翻译了，但没达到诺贝尔奖的评审标准。

2012年10月11日，莫言以其“用魔幻现实主义将民间故事、历史和现代融为一体”的创作获得诺贝尔文学奖，是首位获得该奖的中国籍作家。但迄今为止，莫言的这个奖项一直备受争议，不少国人对他迎合西方价值观的作品进行了质疑。

（三）在人际关系上

儒家学说历来看重天时、地利、人和。孟子强调："天时不如地利，地利不如人和。"把"人和"看得高于一切。因此，也就形成了"熟人社会"，形成了"面子文化"，形成了"熟人好办事""礼尚往来""来而不往非礼也""滴水之恩当涌泉相报"这种偏向于"情感型"的人际关系。

西方社会则偏向于"工具型"的人际关系。在人际交往中，他们很少顾及人情、面子，常常是公事公办；在资源或物质分配方面，他们按规则办事，不掺杂情感，公私分明。但是他们这种"耿直""丁是丁，卯是卯"的处事方式并不说明西方人一点也不讲人情世故，他们喜欢交友，并乐于助人。

中国人的自我实现是在和睦状态下实现，而西方人却是在冲突中完成的。西方人在事情与人情两者关系的处理上强调对立，这是值得肯定的，但他们在国际关系上也更多地表现出对立的价值取向。他们看世界用的是二元论，秉承的是零和博弈思维，由此形成了西方人性格上的竞争好斗。

（四）在思考方式上

中国传统哲学认为，和谐与对立是任何事物的两面，应看到对立中的统一。中国人尊崇中庸之道，不接受"非此即彼"的价值判断，不赞同"要么肯定，要么否定"的思考方式，凡事切忌走极端，做到适可而止，恰如其分。当然，中庸的观念也包含着某些不良的因素，有的人因此变得圆滑，谨小慎微，永远处在中间，不崭露头角，不掉队尾，失去自我。这种"中庸之道"不利于现代化人才机制的建立。

西方人（特别是美国人）在思考方式上倾向于对立，好与坏，对与错，成功与失败，截然不同；和平与战争，成功与失败，原因与结果，人与自然，难以统一。这种非好即坏、非对即错的对立思维，使美国人倾向于把世界看成像围棋一样，黑白两色，简单粗暴。他们通常依据美国的价值标准对一切事物做出评价，这在东方人看来是一种傲慢、霸道的表现。

2001年热播的电影《刮痧》以传统中医的疗法“刮痧”为焦点，非常直观、客观、深刻地揭示了一场中西文化冲突；电影以真实事件改编，展现了中西方不同的思维方式和行为方式。刮痧是中国民间流传了几千年的传统疗法，在美国却被视为虐待儿童的罪证。《刮痧》试图通过许大同这个美籍华人一家人命运的沉浮来揭示中美文化走向二元共存、双向交流的必然性。毋庸置疑，这部影片中所反映出的中美文化冲突及中西思维方式差异对文化交流的影响具有广泛的社会意义和参考价值。

三、两种思维方式下形成的人文文化与科学文化

中国人强调“天人合一”，顺应自然，形成了人文文化；西方人强调“天人对立”，征服自然，形成了科学文化。

从实质上讲，中国传统文化重文轻理的观念及文治天下的理念阻碍了它发展成为科学文化。尽管中国有过以四大发明为代表的光辉灿烂的古代科学文明，但中国文化有史以来的主流却是人文伦理，科学技术不过是支流而已。

西方文化的二元对立观，令人类处于同自然的对立之中，对自然万物从认识、探索到控制、利用、征服，使得科学技术突飞猛进。科学文化虽然造就了工业现代化和高度的物质文明，但同时也导致了环境污染、生态失衡、矿藏枯竭、资源浪费、人性物化、人生价值的贬抑。这一系列的生态和社会问题与人的发展是背道而驰的。所以说，科学文化的不断发展促成科学文化的自身否定。人们开始怀疑科学发展的目的何

在，开始审视科学的价值取向。到了21世纪的今天，这个人类重大问题不得不着手解决了。科学与社会、科学与道德、科学与自然、科学与人的关系必须厘清，其产生的种种矛盾必须消解，人与自然的关系不能再扭曲下去了，必须形成合力，重新调整。

“中国人民历来崇尚‘和而不同’‘天人合一’‘以和为贵’的理念，以和谐精神凝聚家庭、敦睦邻里、善待他人。和谐文化培育了中华民族热爱和平的民族禀性。举世闻名的‘丝绸之路’是一条贸易之路、文化之路、和平之路，铭刻下中国古人追求同各国人民友好交流、互利合作的历史足迹。中国明代著名航海家郑和‘七下西洋’，远涉亚非30多个国家和地区，展现的是中华灿烂文明和先进科技，留下的是和平与友谊。”①

西方科学界的有识之士在为科学寻找出路的时候，把眼光投向中国，投向老庄哲学、儒家伦理和东方禅宗。“他们发现中国人文文化玄远、奥博、精深；天人合一的宇宙观、反省自身的道德观、返璞归真的人生观，都在不停地调整着人与自然的关系，弥合着矛盾。”②毋庸讳言，和谐、求真、求善、求美、审慎、自省等是中国人文文化的内涵特征，而这些恰恰都是西方科学文化所欠缺的。因为这些欠缺长期没有引起西方人的重视和警醒，致使西方文化滋生了现代病。如何医治西方文化的现代病？只有实事求是地以中国文化为参照系，通过鉴别对比才能找到对策和良方。西方社会应承认这样一个现实：“文化交流的格局由原来的西学东渐，又渐渐地变成东学西渐了。”③

---

① 国务院新闻办公室：《中国的和平发展》白皮书，2011年9月。

② 谭家健主编《中国文化史概要》增订版，高等教育出版社，1997年，第351页。

③ 罗荣渠主编《从“西化”到现代化》，北京大学出版社，1990年，第418页。

第四节 环形思维与直线思维

中国人偏好环形思维（cyclical thinking）；欧美人偏好直线思维（linear thinking）。

由于受“天人合一”、和谐求同价值取向的影响，中国人形成了环形思维方式（著名科学家钱学森称其为圆式思维）。而西方人由于受“天人对立”、非此即彼、一切二分价值取向的影响，形成了直线性思维方式。

一、两种思维方式的表现

（一）在说话习惯上

中国人说话委婉、含蓄，不喜欢直截了当、直奔主题，而习惯于人们所称的“绕弯子”，以宽泛的方式开始，从整体到局部，从大到小，由远及近，到最后才把自己的想法或关键问题呈现出来，这是一种逐步达到高潮的叙事风格。

西方人则恰恰相反，他们首先亮明主题，绝不藏着掖着，直接而坦率地发表看法，让对方清晰了解自己的观点立场，至于那些相关背景信息无足轻重，对原因的陈述可有可无。他们对中国人这种由大及小、由远及近的策略方式会感到扑朔迷离。

中国人在向英美人提出要求时，常常采取迂回的方法，不直接交代谈话的目的，而是措辞委婉，给自己和对方留足面子。这时英美人会说“Well, what’s on your mind?”或“Please get down to business.”。如果中国人对细节陈述过多，不直接切入话题，英美人会显得十分不耐烦，他们会打断你的谈话，说道“Let me see if I understand your point.”。因为英美人总是期待你能直截了当点明话题。英美人的这种风格，当然会给中国人留下不礼貌的印象。

（二）在写作风格上

文章是由段落组成的，段落的写作方式决定了文章的写作风格。吕煦认为：“汉语段落的发展呈典型的环性，也就是美国学者凯普兰（R. Kaplan）所称的那种‘东方语言中特有的螺旋型’。汉语段落结构宽泛松散，一般没有明确的主题句，整篇文章的思想发展与段落发展模式相同。思想发散出去转个圈或是螺旋式收拢回来，到最后才点破主题，或者就不给出明确的结论。”[①]在论述过程中，一些与主题直接相关的信息和一些包括事件背景、客观条件等在内的间接相关信息交织在一起，使得主题不鲜明，给人以旁敲侧击、含混不清之感。

英语段落的写作方式与汉语段落的写作方式截然不同。“英语段落的发展呈典型的直线性。段落都由一个主题句开始，下面辅以一系列与该主题相关的扩展句加以论证或说明。整篇文章始于主题句，之后是一系列段落展开论证或说明，最后是结论。段落中的意思以井然的顺序清晰地联系，给人以一种直线流动的感觉。”[②]在论述过程中，对立性思维方式使然，看问题一切分二，非黑即白，非此即彼；要么正确，要么错误，观点鲜明。

西方人写文章喜欢把结论放在最前面，一目了然，以引起听话人或读者的重视，然后一步步呈现出对结论的分析探讨，这是“果”在前、“因”在后的思维方式，与中国人写文章的“因”在前、“果”在后形成鲜明的对照。英美人在谈话时也是遵循“果前因后”的叙事方式，即使英美朋友之间打电话，他们也会首先点明打电话的目的，然后再讲述原因或事情的脉络。

---

① 吕煦、李周红：《思维模式差异对英语写作的影响及策略研究》，《教学与管理》2008年第15期，第86-88页。

② 吕煦：《实用英语修辞》，清华大学出版社，2004年，第71页。

二、两种思维方式下形成的不同审美观

（一）中国人以含而不露为美；西方人以直露为美

1. 在求婚上

中国汉族自古以来不允许男女面对面地表达爱情，很少会说："我爱你！""做我的妻子（丈夫）吧！""嫁给我吧！"而是含蓄地说："你跟我吧。""咱们做一家人吧。"即使是性格狂放、桀骜不驯的摇滚歌星郑钧，向其女友刘芸的求婚方式也是："刘芸，以后就让我照顾你吧，好吗？"西方以袒露为美的审美观迁移到求婚上，便是"I love you!""Marry me!"。

2. 在园林建筑上

中国人的园林建筑是含而不露的：一切以掩饰与遮拦布局。垂柳、竹子、蘑菇亭、桥栏、假山石，布置得错落参差，总的原则是不让你一眼见底。长廊，不是直通一条，而是弯弯曲曲；飞檐和窗户，形状与线条都具备暗示特征；进门之后绝不会让你一览全景，而是让你一步一个惊奇，一步一个天地，从小见大。欧美人的花园，大大的草坪，一望一大片，无遮无拦，开阔、坦然，花卉、篱栅、树木，摆布得整齐规范。从大铁门外就可一览里面的风光。

（二）中国人以圆形为美；西方人以直线为美

中国人以圆满为吉祥的审美情趣反映在社会生活的方方面面，比如，花园造型中的圆门、圆花坛、圆水池；家具摆设的大圆桌；太极图阴阳两部分合围成的圆形；每一招式、每一动作都展示圆的美妙的太极拳；八月十五吃的圆形月饼；梳妆台上的圆形镜；大家闺秀和小家碧玉都喜欢的圆形纸扇；等等。还有心理上的团圆、圆满，比如，各种戏曲多以大团圆收尾；每年岁末在外游子赶回家吃团年饭；和尚长老结束一生称为圆寂；等等。

英美人由于受线性思维方式的影响，对圆形没有青睐，他们喜欢直达通畅，比如他们的摩天大楼像火柴盒一样，方方正正，耸入云端；他们的花园呈现流动的线条，一览无余。

第五节　内向性思维与外向性思维

中国人偏好内向性思维（introverted thinking）；欧美人偏好外向性思维（extroverted thinking）。

一、两种思维方式的形成基础

中国文化根植于农村，属于内倾性的农耕文化。在这种半封闭的大陆型地理环境、以自给自足为特征的小农经济氛围中，便形成了一种“尚让不尚争，尚退不尚进，尚静不尚动”的内向性思维定式，形成了中国文化重守成而轻创新的内向性思维方式。

西方文化属于外倾性的商业文化。西方文化的发祥地——古希腊及其周围的爱琴海、地中海的地理环境是多山，陆地狭窄而稀少，土壤贫瘠，石灰岩遍野，可耕地面积十分有限；加上气候恶劣，很难形成自给自足的农业经济，因而不得不转向大海，向外开拓进取，谋求生存。大海神秘莫测，隐伏祸患，激发人们抗争与征服的勇气与智慧。西方人在这种开放、抗争中形成了外向性思维方式。

二、两种思维方式的表现特征

（一）内向自求与外向索取

中国哲学思想注重内向自求，认为：“心如明镜，物来则照。”“人之善恶，由于一念之间。”“心中有个能知是非善恶的良知，所以一切道理都在心上，即心即理。”因而强调身心修养，重视伦理道德，以“正心、修身、齐家、治国、平天下”。中国文化是一种趋向安稳型的“自省文化”。

西方传统思维注重外向索取，认为外部环境就是为满足个人内部需求而存在的，因而有着强烈的征服心和战胜欲。在这种思维主导下形成了奋力拼搏，崇尚竞争和武力，富有进攻性、侵略性和财富观念等民族性格。西方文化是一种典型的趋向富强型的“霸道文化”。

（二）好静求稳与好勇尚武

“内向性思维导致中国人求稳的心理和好静的性格。”[①]老子的《道德经》倡导清静无为、慎独节制、洁身自好、温和忍让、淡泊寡欲、重义轻利。“静”“悟”“忍”三字概括了中国人的性格特征和处世风格。中国没有好勇尚武的文化基因，即使是郑和七下西洋也是睦邻友好之旅。当年强大的船队有240多艘，船员近3万人，到达30多个国家和地区，可谓浩浩荡荡，威风凛凛。郑和下西洋比哥伦布的远航早87年，而且拥有世界上无与伦比的庞大船队，但不是以征服、开辟市场为目的，而只是为了显耀国威。郑和是传播和平的使者，他传播的是“以和为贵”的中国传统礼仪，以及“四海一家”“天下为公”的中华文明。事实证明，中国人即使来到海上也不能超越陆地上那种内向性思维。人是出去了，但思维方式依然是内向的。哥伦布外向探险体现了个人奋斗和开拓进取的精神，与此同时，也充满了殖民味和征服欲。

“外向性思维导致西方人求变的心理和好动的性格。”[②]西方人认为，人处在丰裕多变的大自然之中，不能偏安一隅，因袭守成，必须向外进军，改造自然，征服世界，满足人日益增长的物质需求。“变”“争”“武”三字概括了西方人的性格特征和处世风格。在西方世界，竞争和对抗无处不在，无时不在，从商业的激烈竞争到战争的残

---

① 史仲文：《中西文明的历史对话》，内蒙古人民出版社，2000年，第38页。

② 同上，第49页。

酷征服，从海洋争霸到太空称雄，西方人的外向性思维发展为好勇尚武的冒险精神。从两千年前的罗马角斗场上的血腥表演到近代欧洲的决斗场面，淋漓尽致地体现出西方世界好战好武的民族性格。

在西方人的眼中，以武力征服对手为最大的美德。这种所谓的“美德”，在中国人眼中是与人类文明相悖的。在西方，那些穷兵黩武，敢于冒险、扩张、侵略的君主和将帅总是受到国家上下广泛的敬仰，例如亚历山大大帝、凯撒大帝、拿破仑等。此外，为什么伊丽莎白一世被称为“海盗女王”呢？就是因为在16世纪中叶，伊丽莎白女王鼓励和支持英国海盗们进行掠夺，海盗头目被封为爵士，海盗船队摇身一变成为一支皇家海军，女王与凶残的海盗沆瀣一气，为世人所唾骂。

“决斗”在西方流行了一千多年。决斗是两人（或数人）之间使用剑、手枪等致命武器进行的殊死搏斗，这一你死我活的决斗往往根据事先商定的规则进行。不可思议的是，可怕的决斗竟成为中世纪以来欧洲社会的一种风尚，贵族们为了哪怕是想象中的一点点冒犯就生死相搏。我们在欧洲古典文学作品中常常可以读到描写决斗的精彩场面和情节。

据记载，在1588—1608年这20年中，仅在巴黎就有8000多人在决斗中丧命。我们所熟悉的文学家普希金、大仲马、屠格涅夫、托尔斯泰等都曾参加过决斗。特别是普希金，参加过两次，第一次侥幸，对方死了；第二次不幸运，被打死了。

在19世纪的美国，也是特别崇尚决斗。汉密尔顿是美国开国元勋、美国宪法签署者之一，还当过美国第一任财政部部长。然而，他与自己长年的政坛对手、杰弗逊总统时期的副总统亚伦·伯尔一向不和。终于，1804年，在一次争执中，伯尔一怒之下要求与汉密尔顿用决斗的方式做个了断。在决斗中，汉密尔顿被伯尔一枪射伤，次日便去世了。

（三）求同性与求异性

中国人含蓄内敛，不事张扬，倡导一致或基本一致的价值取向和行为理念，全国上下从思想到言行都力求“大一统”。在这种氛围之下，思维方式趋于求同、排异，收敛而僵化，封闭而保守，缺乏进取、创新的精神。

西方人思想活跃，勇于探索，敢于挑战甚至否定前人权威的名言、结论，不随意苟同他人而喜欢各抒己见，标新立异，思维方式趋于多元化。这种推崇求异、勇于开拓的精神使西方科学文化不断推陈出新，不同学科的理论体系、不同学派的学术观点在批判、借鉴、融合中不断完善发展。

（四）柔和优美与阳刚健美

在文学上，比如，中国诗人所钟爱的自然景物是那些能够与人和谐相伴、滋润心灵的物象，如明溪疏柳、幽亭芳榭、微风细雨、湖光山色、鸟语花香、淡淡月影；西方诗人所爱好的自然景物是震撼心魄、激发人的征服欲的物象，如波涛海浪、狂风暴雨、悬崖峭壁、戈壁荒漠、冰天雪地、腾腾火山。

在艺术上，比如，中国的雕塑是淡雅、含蓄、幽娴的；西方的雕塑来自对力量的崇拜和对体现力量的完美肉体的崇拜，体魄雄健、肌肉发达的勇士一直是西方雕塑的重要主题。

（五）节制欲望与放纵欲望

中国人注重道德约束，节制欲望，清心寡欲。老子说：“罪莫大于多欲，祸莫大于不知足，咎莫大于欲得。故知足之足，常足矣。”

西方人狂放的性格、追求新鲜刺激的意识使得他们不愿受道德的约束，在性关系上强调个性自由，放纵欲望。因此，婚外情、一夜情泛滥，同性恋盛行，艾滋病蔓延。

道德在一个人的成长中和一个社会的发展中起着至关重要的作用。历史上由于道德沦丧而导致国家衰亡的例子很多，古罗马从强盛到衰亡就是一个很好的例子；追根溯源，生活奢侈、性泛滥是其衰败的重要原因之一。

三、两种思维方式的弊端

中国人内向自求、中行不争的内向性思维会在一定程度上抑制人的探索精神和创新精神，阻碍社会发展，消解前进动力。而这种内向性思维也养成了中国人宽厚而中庸的性格特点、向往和平的人生理想，对维护世界和平起到了积极作用。

西方人好勇尚武、向外索取的外向性思维大大激发了欧洲人数百年来对东方文明与财富的倾慕、贪婪和掠夺，导致大多数国家形成了对外扩张和欺凌的外交政策，这种行径成为世界动荡不安的重要因素。所以说，对外侵略扩张、颠覆他国政权、推行殖民主义和霸权主义成了西方近现代文化的一大特征。

第六节　思维方式与国际政治

在21世纪的国际政治中，文化的核心要素——思维方式所起的作用越来越凸显、越来越重要。大国之间合作与竞争的态势主要取决于两对思维方式：整体性与对立性；内向性与外向性。整体性思维和内向性思维必然使各民族和睦相处，对立性思维和外向性思维往往导致各民族纷争抗衡；简而言之，思维方式的碰撞必然引起国际政治的博弈与冲突。

一、“好勇尚武”在国际政治中的体现

一些英美人不解的是，中国不好勇尚武，不发动战争，总能稳如泰山，为什么呢？他们之所以有此疑问，是因为在美国霸权思想深入民心，美国自从建国以来一直伴随着战争。在他们看来，要想维护大国的地位，就必须有战争。中国人不喜欢对外战争，新中国成立之后，更不

会主动发动对外战争，即便是有战争也是被动的自卫反击战。而如今中国综合国力的不断强大，让他们觉得不可思议：一个大国的崛起怎么可能不伴随战争？对中国不了解的人估计很难回答这个问题。中国人是尚武的，而且历史悠久，但中国人的尚武精神不是逞凶斗狠、侵略扩张，而是一种不屈不挠、反抗压迫的精神。

中国在几千年的历史中，面对恶劣自然环境与天斗，面对侵略与外敌斗，都体现出了强烈的尚武精神。中国能屹立几千年不倒，如果中国人不尚武，就不会有大一统；如果中国人不尚武，就不会通过流血牺牲赶走侵略者。中国的尚武有别于西方国家的贪婪和侵略。帝国主义国家为了称霸世界而四处挑起战争，掠夺其他国家的资源，这是一种好战式的尚武，这是野蛮和罪恶的代名词，根本配不上中国人的尚武精神。以美国为例，建国前他们就野蛮屠杀印第安人，奴役黑人；建国后不改侵略本性，四处征战，在他们247年的历史上，只有16年没有战争。即便是到了现在的和平年代，他们依然不放弃武力威胁其他国家。

中国在过去的两千年中，极少以自己强大的武力去征服别人。再以郑和下西洋为例，他七次远航，率领的是世界上最先进的船队，而他只是为了平等的贸易，还将中国先进的生产技术传授给当地人。50年后，哥伦布发现了新大陆，带去的却是屠杀和奴役。

我们的尚武精神不等同于穷兵黩武，我们的强大在于我们自身。中国最厉害的永远不是枪炮，而是中华民族不屈的精神。国虽大，好战必亡；天下虽安，忘战必危，中国正是秉承这样的思想。在如今群狼环伺的局势中，保持自己国家的和平发展，正所谓朋友来了有好酒，豺狼来了有猎枪。我们希望和平，但是不等于怯懦，不好战不等于怕战，我们为了保卫自己的祖国，付出再大的代价也在所不惜。

中国人刚毅果决，尚武精神早已经融入了中国人的血液里，而且还被赋予了更多的含义。比如抗击疫情，我们中国人选择的不是逃避，而是直面病毒，毫无畏惧。面对疫情，医护人员置危险于不顾，普通百姓紧密配合，体现了中国面对困难的决心、勇气和速度，这才有了今天稳定的局面。

二、“好勇尚武”引发的核威慑危机

中国人的内向性思维使中国人始终秉承“好战必亡，忘战必危”的古训。中国人爱好和平，坚决反对穷兵黩武，坚决反对战争。中国拥有核武器是为了粉碎拥有核武器的霸权主义国家的核垄断、核讹诈，对加强我国的国防力量、维护世界和平具有十分重要的意义。

世界人民永远不会忘记发生在1962年的古巴导弹危机，美国和苏联两国之间的激烈较量使人类濒于毁灭的边缘，是人类离核战争最近的一次危机。现在，核危险正在外溢，能否有效阻止这场核危机以拯救人类，在考验着人类的智慧。

如果这些拥核大国不能保持充分而强大的理性，不能保持保护人类未来的强烈道德感，而是仅仅为了本国的利益，为了某种资本集团的利益而不顾天下苍生安危，不顾全人类的未来福祉而进行核战争豪赌，我们相信，最终没有任何国家、任何政治势力、任何资本集团，也没有任何人能够在这场危机和灾难中幸免。处在动荡不安的国际社会，人类将面临的不再是生存或毁灭的哲学纠结，而是实实在在的彻底毁灭的终极结局。一旦核战争爆发，文明、科学、和平、发展、生活统统都会被毁灭，人类或将重新进入石器时代，或许地球上不再有人类，地球将成为一颗无生命的死寂星球。

“为维护世界和平、应对全球性挑战发挥重要作用。中国是唯一公开承诺不首先使用核武器、不对无核武器国家和无核武器区使用或威胁使用核武器的核国家。”[①]我们从未这么近地面对一场核危机，全世界人民在呼唤着理性、道德和人类的正义。

① 国务院新闻办公室：《中国的和平发展》白皮书，2011年9月。

第三章 中西文字之比较

第一节 表意文字与表音文字的起源和演化

中国的文字发端于象形文字，是一种表意文字；西方的文字发端于拼音字母，是一种表音文字。中国的文字是在农耕文明下产生的，西方的文字是在海洋文明下产生的。

一、中国汉字的缘起

汉字是中华文明的标志，没有汉字就没有中华文明。关于汉字起源的神话传说是仓颉造字。仓颉为黄帝史官，黄帝统一华夏后，感到结绳记事已无法满足要求，就命仓颉想办法造字。有一天，一只凤凰嘴里叼着的东西掉落在仓颉面前，上面有一个蹄印，一个猎人经过说，这是貔貅的蹄印，与其他兽类的蹄印不同。仓颉因此深受启发，他认为若能抓住事物的特征，就会画出大家都能认识的图像。于是，仓颉仔细观察了日月、星云、山河等各种事物的特征，创造出了许多象形字。他将这些象形字简化后，刻在龟壳上，这就成了最早的文字。这个神话当然是虚构的，但也说明了一个事实：汉字是由象形字演变而来的，刻在龟壳上的象形文字就是中国最早出土于河南省安阳市殷墟的甲骨文。甲骨文是中国商朝时期一种成熟文字，它是汉字的早期形式。

习近平总书记在致甲骨文发现和研究120周年的贺信中指出："殷墟甲骨文的重大发现在中华文明乃至人类文明发展史上具有划时代的意义。甲骨文是迄今为止中国发现的年代最早的成熟文字系统，是汉字的源头和中华优秀传统文化的根脉，值得倍加珍视、更好传承发展。”

在远古时代，人们学会了用手势交流，但有些事物用手势是难以表达的，于是有人想出了做记号的方法。可记号太多，容易忘记，后来就用图形表达意思，比如太阳就画成一个圆圈的形状，树就画成树的模样。最早的象形文字就是这样产生的。

随着时间的推移，人类进入了独立社会，到了这时，需要文字记载的东西就更多了，而光用一些图形符号来表示显得太烦琐了。于是，人们就简化了一些象形字，并把一些象形字组合起来，形成一种新的文字，让人能更容易看懂。比如把人和木组合起来，就成了“休”字，意思是一个人靠在树上睡觉。这样又创造出了很多文字，形成了汉字的一个新类型——会意字。

到了春秋战国时期，中国出现了众多的诸侯国，而这些诸侯国的文字又有所不同，于是出现了一字多义、多字一义的情况，这给各国之间的文化交流带来了困难。秦始皇统一六国后，曾下令在全国统一使用一种文字——小篆，这种文字比以前的文字简化了许多，但仍有些烦琐，于是民间逐步兴起了一种应急的俗体隶书。

到了三国时期，魏国又创造出了一种更为简便、美观的文字，楷书从此成型，汉字就确定了它的方块形态，开始有了间架结构。以后，人们又陆续创造了草书、行书等各种各样的字体，历朝历代也涌现出了李斯、钟繇、王羲之、虞世南、褚遂良、薛稷、“颜柳欧赵”、文徵明、董其昌、“苏黄米蔡”等举世闻名的书法家。汉字的发展逐步进入了一个较高的层次。中国汉字在世界文字中是独树一帜的，世界上除了中文之外，其他文字大都是拼音文字。而在这些拼音文字里，使用范围最广的无疑就是拉丁字母了。根据一些统计数字，目前全球人口中，有70%的人所使用的文字都是用拉丁字母写成的。

二、西方文字的缘起

中华文明自古至今用的都是象形文字简化而来的表意文字，那西方拼音文字是怎么来的？拼音文字首先在地中海地区流行，它起源于约公元前3000年的腓尼基地区，相当于今天地中海东岸黎巴嫩和叙利亚沿海一带。腓尼基一词原意为紫红色，因为此地出产一种紫红色颜料。腓尼基人喜欢用紫红色的颜料涂抹在身上，也用颜料染布。这个古老的民族善于航海与经商，在全盛期曾控制了西地中海乃至北非的贸易。

腓尼基人适时创造了人类历史上第一批字母文字，共22个字母，这是腓尼基人对人类文化最伟大的贡献。腓尼基字母是世界字母文字的开端，堪称所有西方文字（包括世界流行最广的英文）的鼻祖。一方面，那时海运货物贸易相当频繁，人们在港口停留时间有限，为满足商人们迅速订立契约、签发货物清单的需要，客观要求有一套普遍易懂的简单方便的文字体系。另一方面，由于腓尼基从事国际商业活动，广泛接触并熟悉古代各国的文字，使腓尼基人创造新的字母文字成为可能。于是，他们利用埃及的象形文字、巴比伦的楔形文字和苏美尔人的若干心形文字，把数千个不同图像变为简单而书写便利的22个字母。这22个字母渡过爱琴海传入希腊后，希腊人又增添了几个自己的字母，并把这种经过改进的文字系统传播到了西方，在此基础上衍生出拉丁文字母和斯拉夫文字母，创造了世界上第一套拼音字母体系。希腊字母和拉丁字母是所有西方国家字母的基础，对阿拉伯、希伯来、波斯、印度、亚美尼亚等地字母文字的产生也有重大影响。

从16世纪开始，拉丁语曾是欧洲的“通用语”（lingua franca），西班牙语、葡萄牙语、法语先后成为国际性语言。到了20世纪上半叶，英语逐渐替代法语成为国际通用语。英语是所有西方拼音文字中的代表性语言，因此本章重点对汉语与英语的结构特征、语言的扩张性和词汇量进行讨论。

第二节 汉语与英语的结构特征

一、汉语与英语的语法

汉语有一个表达上的优势，即语法简单。我们说某个动作的发生时间，分别用“过去”“现在”“将来”三个副词，就能够完整地表达这个意思，但是英语就做不到。英语一共有16种时态，比如说现在时、过去时、将来时，除了这三种基本时态，还有现在进行时、过去进行时、将来进行时，以及现在完成时、过去完成时、将来完成时等，时态之多造成了口语、阅读上非常大的障碍。汉语语法确实简单，什么时态、语气、单复数、名词格等，汉语统统都没有。英语还不算最难的，法语则有24种时态，包括表达情绪的复合时态。英语的代词有主格、宾格、所有格三种，比如I、me、my、mine；而俄语有六种格，且名词、代词、形容词都要根据格而发生变化。英语的名词仅有单复数变化，而阿拉伯语中的名词不仅有复数，还有双数。最令人不解的是拉丁语系，还把名词分为阳性、阴性和中性，使用时要根据不同的情形改变形态。所以说，一个人的母语如果不是印欧语系的语言，那学习起来就相当困难，远不像汉字简单明了。虽然每个字看起来、写起来较难，但是学一个就是一个，在很多地方都可以用，而且重复使用率较高。

二、汉语与英语的语序

汉语与英语在结构特征上最大的不同是句子成分排序，这也是中国人学习英语的最大困扰之一。以动词句型为例：主语（状语）+谓语（宾语）。“他放学后天天在操场上踢足球。”这是一个非常典型的句子，主语后面先说三个状语，再是谓语，最后是宾语。而英语的表达则是主语后面是谓宾，主干清晰，最后才是三个状语。如果按照汉语的排列顺序翻译成英语，那肯定是中式英语。所以规范的英语应是“He plays football on the playground after school everyday.”。在这个英语句子里，三个状语先后排列的顺序也是有规则的。一般来讲，要表达时间和地点，在汉语中是时地的顺序，在英语中是地时的顺序。我们知道，汉语语法简单而模糊，不重逻辑；英语语法复杂而严密，强调逻辑性。就上面这个英语句子来说，一个是on the playground，一个是after school。地点放在时间之前的逻辑是这个“踢”的动作与地点的关系要比动作与时间的关系更近，也就是说，踢足球与“放学后”的关系远，而与“操场”的关系近。根据逻辑关系，everyday就放在最后了。

第三节　汉语与英语：词汇的扩展性

语言是文明的载体，语言要承载不断进步的文明。文明的发展总会创造出很多新概念、新事物来，这些新概念、新事物需要语言去表现。汉字起源于6000年前，拉丁文起源于2600年前，这两类语言演化的路径有着很大的不同。其实对于语言来说，精确不精确，优美不优美，不是首要考虑的问题；首先要考虑的是能够把新思想、新事物描述出来，再去谈其他的，语言应与文明同步发展。所以说，评价语言强弱、优劣最关键的标准，是其扩展性如何。

一、英语词汇的扩展性特征

英语如何面对近代工业革命以来的信息爆炸呢?

英语是不断地创造新词，朝着“自我膨胀”路径发展的。一个个新词出来，与新概念、新事物相对应，所以我们看到英语的词汇量一直在随着时间的推移而大量扩充，现在每年至少以一万个新词的速度增长。在莎士比亚时代，英语词汇总量是14万左右，而现在的英语词汇总量，根据全球语言监测机构宣布的数字，已远远超出了200万个。

毋庸讳言，字母文字有着天然的缺陷。世界发展日新月异，只要出现任何一个新事物，英语就要创造一个新单词。英语由26个字母组成文字体系，在早期阶段可以用3—6个字母组合成单词，单音节词和双音节词居多；但随着新概念、新事物越来越多，新单词一般都是6个字母以上，甚至10多个字母。目前最长的单词是由45个字母组成的。

下面让我们看看英语的膨胀之路：

1900年，英语词汇总量约20万；

1990年，英语词汇总量约60万；

2006年，全球语言监测机构宣布：以“每98分钟出现一个新英语单词”的速度计算，英语词汇总量已达988,968个；

2009年，英语词汇总量已突破100万大关。

简而言之，随着时代发展、科技的进步，英语单词量的膨胀速度会越来越快，以这样的速度发展下去，未来一百年内就有很大可能达到甚至超过千万个单词。单词膨胀无止境，这是英语的重大缺陷。

下面让我们再看看权威的英语词典收录的词目：

《牛津英语词典》1989年版（共20卷，21,728页）收录了301,100个主词汇；2009年版收录的词汇达到60余万个。

以与“电”有关的事物为例，近代“电”出现之后，英国人创造出“electric”来表达。后来陆续发明了电线（wire）、电报（telegraph）、电话（telephone）、电池（battery）、电车（tram）、电影（film）、电视（television）、电梯（elevator）、电冰箱（refrigerator）、电脑（computer）等。英语只能一一制造新单词，而汉语不会这样做，汉语会用“电”这个字组词，即使不认识词组中的另一个字，也能大概猜到此物与电有关。汉语的这种扩展性简洁巧妙，充满了智慧，是英语等拼音文字所不能比拟的。

二、汉语词汇的扩展性特征

与英语相比，汉语词汇的膨胀速度怎样呢？

每个汉字都有自己独立的意义，字字可以自由组成词，应对信息爆炸。当然，汉字数量也在增长，但是增长速度远远低于英语词汇量。殷墟甲骨文中有4055个字，东汉《说文解字》收录的汉字数量增加到9353个，三国时《广雅》收字18,150个，北宋《类编》收录的汉字达到33,190个，清朝《康熙字典》共收字46,933个，当代《汉语大字典》收字60,370个，将佛经、道经和石刻资料中发现的异体字也包含在内的《中华字海》收字85,568个。

我们可以通过将汉字进行不同的排列组合，创造很多新的词语，但是英语就做不到这一点。英语的1月到12月，就有12个单词；但是在汉语里面，“月”字是可以共用的，分别与“一、二、三、四、五、六、七、八、九、十、十一、十二”组合就能轻松表达这个时间概念了。

在英语里，词汇量快速增长的领域主要是生物科学、人工智能、生理医学、航空航天、材料科学等，新词汇层出不穷。由于不同领域有不同的词汇，所以交流起来很困难。但在汉字体系下的学者，即使分属不同学科，也可以愉快地进行无障碍交流。

可以说，汉语的扩展能力是非常高超的，加上占用较少的大脑资源，使得汉语在应对新事物发展方面手到擒来。在扩展性的对比上，汉语对英语的优势是压倒性的。汉语智能，即便偶有用汉字组合难以表达的事物，还可以采用“音译”的扩展方式，比如物理单位夸克。我们也许可以骄傲地说，英语，可能只是当下全球语言；汉语，可能是人类的未来语言。

第四节 汉语与英语：词汇量对比

一、汉语常用词汇量

据统计，使用最频繁的核心汉字不超过300个，学会这300个字，日常生活就没问题了。而《现代汉语常用字表》则只有3500个汉字，这些汉字能够覆盖现在主流文本99.4%的篇幅。换言之，学会3500个常用字，一个人就可以轻松地阅读写作了，就可以在不同学科之间遨游了。3500个汉字有这么厉害吗？我们做一个简单的数学题，3500个字，根据语境需要，仅仅两两配对来组词，就可以组成一千万个以上的词语，如果再加上三个字，那就是不可思议的词语数量了。

二、英语常用词汇量

普通英美人只要掌握3000个单词，就基本可以应对日常生活了。研究证明，一个受过良好教育的英语母语者，其一生能够用到的英语单词大概为2.4万至3万。莎士比亚的词汇量接近3万，拿到现在的英语体系来看，只占整个英语词汇量不到1%。现在学术造诣深厚的英美人的词汇量水平能达到4万左右。英语系统通过不断的造新词来应对文明发展，但是新词越来越多本身就是一个绕不开的难题。人的脑容量毕竟是有限的，承受不起越来越重的记忆负担，这就导致现在大多数的英语单词连英语国家的人都不认识。跨学科难度越来越大，不同行业的专家在交流之前得先把这个学科的词汇背一遍，否则大量专业词汇、短语都能把人绕晕，更别提不同学科的思想直接发生碰撞了。普通人与专业人才之间的词汇量差距成为鸿沟，知识传承越来越困难。

第五节 汉语的优势

首先，为什么中国文字要叫汉字？秦始皇统一六国，建立秦朝后，为了建立一个统一有效的中央政府，加强中央集权，巩固秦朝的统治，开始在全国推行统一的文字。但是秦朝很短暂，二世而亡，取而代之的是刘邦建立的汉朝。汉朝建立后，继承和巩固了秦朝开创的统一国家，经济繁荣，国力强盛，人民安居乐业，呈现一派太平盛世的景象。为此，我们把汉朝统治下的人称为汉人，把中华民族中人口最多的民族称为汉族，把使用的语言称为汉语或汉字。

一、三维语言

实际上，汉字不是单纯的表意文字。汉字体系里有一个重要的组成部分——形声字，它由两个字复合成体，其中一个表示事物的类别，而另一个表示事物的读音。形声字是汉字里面最高产的造字方式，大部分的汉字既表音又表意。一个汉字可以通过形旁的形态推测它的意义，又可以通过声旁来推测它的读音，所以一个汉字里面就可以承载三类信息：一维的声音、二维的形态，以及从形态推测出来的意义。而一个字母单词只能承载一维信息声音，这个声音所代表的意义是靠死记硬背强行联系起来的。所以说，汉语是三维语言，反映出来的信息是立体的，而以英语为代表的拼音语言只是一维语言。

汉字值得我们所有中国人骄傲，中国的汉字是世界上最伟大的语言文字之一。我们的汉字由音形义组成；每一个汉字，都有它的历史，有它的哲学，有它的故事，而这些都是中国汉字所独有的，是其他国家羡慕不来、学习不来也模仿不来的。正所谓一字一世界，一笔一乾坤，这也是中国汉字的写照。

二、极强的扩展性

英语需要通过增加海量的词汇来应对现代社会的飞速发展；而汉语则直接稍作调整，通过科学的组词方式，就足以应对现代社会信息的大爆发。几千年前的语言文字系统要承载当下和未来爆炸式的文明发展，压力是巨大的，而汉语给人类文明交出了最满意、最有价值的答卷。

三、丰富的读音

描述一个事物，因为汉语读音丰富，可能只需要发一次音就解决问题；而英语因为读音缺乏，需要重复发几次音才能描述清楚。正如季羡林先生所说，一句话用英语表达经常需要一分钟，而用汉语则只需要五秒。所以用汉语交流沟通效率更高，更利于人类活动中的互相协作。

四、文本的传承

汉字作为一种表意文字，其意义从古到今，一脉相承，使得普通中国人稍加学习就可以理解古文，博古通今，于是文明不容易出现断层，文明的成果可以得到更好的积累；而今天的普通英国人面对古英语只能一筹莫展。正是这些压倒性的优势，使得汉语具备了强大的韧性。

五、精练的描述

我们知道，联合国六种工作语言包括汉语、英语、法语、俄语、西班牙语和阿拉伯语。这些语言里面，汉语的字数永远都是最少的；那些文书中，汉语永远都是纸张最薄的。汉语堪称世界上最简洁高效的语言，这些优势是其他语言所做不到的。

六、优美的意境

汉字形美如画，音美如歌，意美如诗。汉语的另一个优势，就是意境优美，读起来赏心悦目，让人心旷神怡。比如我们朗诵李煜的“剪不断，理还乱，是离愁，别是一番滋味在心头”，或者孟浩然的“春眠不觉晓，处处闻啼鸟。夜来风雨声，花落知多少”，这种离愁别绪或春晓景象用英语描述，能恰如其分地表达出来吗？就算翻译出来，那个意境不是部分缺失，就是全部荡然无存。最能展现意境美的是王维《使至塞上》的“大漠孤烟直，长河落日圆”两句诗。短短十个字就把塞北这种荒凉、辽阔、孤独的意境描绘得如此淋漓尽致，令人击节叫绝。

以上六个方面说明了汉语所具备的不可比拟的优势，然而这样博大精深、令国人自豪的语言竟两次险遭厄运。

第六节　汉语经历的两次危机

在中国历史上，有两个时期人们试图废掉汉字而实行拼音拉丁化的文字，一个是清末到20世纪50年代，另一个是20世纪90年代。

一、国情危机

早在轰轰烈烈的五四新文化运动时期，很多文化教育界的知名人士都认为必须废除汉字，根本原因有二：其一，近代中国积贫积弱，民不聊生，外加帝国主义的疯狂侵略和压迫，使得中华民族处于严重的生存危机。要想拯救国家，必须扫除陈腐的传统文化，而汉字是传统文化的根基，因而要扫除传统文化，必先废除汉字。其二，汉字太复杂了，在贫穷落后的国情下，一般的贫穷老百姓根本无法掌握汉字，汉字只能掌握在那些贵族地主的手里，成为贵族地主统治老百姓的工具。而整个国家绝大部分是文盲，国民素质无法提升起来，就难以改变整个国家一直积贫积弱的落后面貌。文盲意味着愚昧，愚昧意味着落后，落后就意味着挨打。

这一时期的主要代表人物是钱玄同、刘半农和鲁迅。他们指出汉字是带病的遗产，几乎只有汉字拉丁化一条路可走。1922年8月，蔡元培在《国语月刊》第七期探讨汉字改革，他认为汉字既然不能改革，尽可直接改用拉丁字母。钱玄同在《国语月刊》汉字改革专号上主张汉字革命，称汉字革命是绝对可能的事。鲁迅在一篇关于新文字的文章中称方块字是“愚民政策”的利器；鲁迅甚至提出“汉字不灭，中华必亡”的论断。1935年12月，鲁迅、郭沫若、陶行知等上百位知名人士共同发表《我们对于推行新文字的意见》。这种鲜明犀利的观点折射出了当时思想界的深切焦虑和期待，但现在很多人对于鲁迅先生迫切希望废除汉字的做法感到不解，那是因为你以当今的视角看到了我们的汉字依然可以在现代化的21世纪继续舞动它曼妙的身姿。但是在当时，那个国破家亡的旧中国，知识分子为了救亡图存做出了无数的努力和尝试，他们看不到光明，只能将他们所认为愚昧落后的东西全部丢掉。

中华人民共和国成立以后，当时90%以上的中国人都是文盲，因此扫除文盲是新中国一项重要的工作。在他们看来，汉字难学，难写，更难认，是普及教育的一大障碍。而拉丁化的拼音文字，只需要记住几十个字母，学习起来就相对容易得多。当时的中国文字改革委员会主任吴玉章先生建议汉字可以立即采用拼音文字来代替，当然这与吴先生的国外经历有关。瞿秋白、吴玉章等人因为留学苏联的原因，接触到了世界上第一个社会主义国家，而且当时无论是资本主义国家还是社会主义国家，全部使用字母拼音文字，所以这种文字上的形式感，影响了我们第一代觉醒的知识分子。

在1950年6月，毛主席不赞同这个看法，强调搞文字改革不要脱离实际，应该首先进行汉字的简化，并进行普通话的推广。在随后20多年的实践中，形成了简化汉字、推广普通话的政策。制定和推广汉语拼音的方案就构成了中国现行文字改革的内涵，并延续到今天。如果单纯从出发点来看，汉语拼音的推广、简化字的应用，都是为了尽快解决中国大量的文盲这个严峻的社会问题。

二、计算机危机

然而，随着计算机时代的来临，汉字又一次的危机出现了。1977年，美国苹果公司生产了苹果二代，开启了个人电脑的时代，美国家庭个人电脑的拥有比例在1989年就上升到15%。美国的高科技在20世纪90年代迅猛发展，在全球范围内，美国率先进入了伟大的信息时代。由于电脑本身就是西方国家发明的，键盘自然也是按照西方字母文字设计的，使用26个字母就能轻轻松松打出所有的英文单词，但是想要打出数以万计的汉字几乎是不可能的。我们现在使用计算机基本上都是用拼音输入法，但是在当年，拼音输入法使用体验很不好，打一个字往往需要翻上好几页，词库的容量也小得可怜。信息化时代讲究的就是一个速度，这样的象形文字显然不适合计算机的使用，更跟不上信息化时代的发展步伐。

对中国汉字的质疑又卷土重来，用拉丁文代替汉字的呼声此起彼伏。舆论认为中国的方块字存在致命的弱点，无法与以计算机为代表的信息革命相结合，中国文字必须面对现实，走上拉丁文的道路。不少激进者甚至预言计算机将是汉字的掘墓者。而此时，河南省南阳地区科委技术员王永民以永不服输的坚强斗志攻坚克难，经过五年的艰苦研究，带着他的五笔输入法走上了历史舞台，震惊了世界。

当年，王永民一头扎进汉字大海之中，面对一个陌生的领域，他耐心细致地对12,000个汉字的字源和结构规律进行分析研究，一次次地拆分、排列、组合，把12,000多个汉字拆分并浓缩成600多个字根。一个字根便代表一个按键，接着把字根不断地归纳合并，以此实现键位的压缩和重新编码。中国人的汉字输入法横空出世，当时新华社还将五笔字型誉为中华文化史上意义不亚于活字印刷术的重要发明。

中华文化的载体在近代西方文明的冲击之下，几经生死，然而正是一代又一代中华儿女的不懈努力，每每挽狂澜于既倒，将汉字从存亡危机中解救出来。近代史上，哪怕有一次废除汉字成功，那么唐诗宋词之优美、话本小说之瑰丽、秦皇汉武之英武、行草隶楷之飘逸，都将成为遗失的古董。

第四章 中西诗歌艺术之比较

诗歌简洁凝练，意蕴深远，它以最少的文字、最酣畅的言语、最强烈的节奏感和最优美的韵律表达作者的思想感情，反映跌宕起伏、丰富多彩的社会生活。诗歌是文学之冠，又是文学的源头，人类最早的文学形式就是诗歌。本章将讨论中西方诗歌艺术，而诗歌艺术主要体现在音乐性上，音乐性是诗歌的基本属性，古往今来，音乐美一直是人们的诗性追求。我们知道，西方诗歌艺术中，英语诗歌占有举足轻重的地位。汉英诗歌在韵律上的差异反映了不同民族在语言结构、审美观念、文化传统等方面的差异，揭示其背后的逻辑、探讨汉英诗歌韵律的翻译问题，将有助于我们更好地欣赏汉英诗歌，促进东西方文化的交流与融合。

第一节 从历史文化传统看汉英诗歌韵律的差异

诗歌是最高级、最具艺术表现力的文学形式，诗歌的艺术魅力源于其典型的审美特征，即韵律美。韵律（metrics）由节奏（rhythm）、音韵（rhyme）和韵式（poetic line）构成。由于两种语言诸多因素的不同，汉英诗歌在韵律形成和表现上有着较大的差异。

汉诗（指汉语诗歌，下同）利用汉字一字一音节的特点，借平仄的交错，构成了鲜明的节奏，在听觉上获得了对立统一的抑扬之美；英诗（指英语诗歌，下同）则利用英语双音节词、多音节词的特点，借轻重音节的排列，构成了鲜明的节奏，在听觉上也同样获得了对立统一的抑扬之美。由于汉字“辅音+元音”的构成特点，音韵主要体现在尾韵上，获得了前呼后应的回环之美；由于英语单词“辅音+元音+辅音”的构成特点，音韵主要体现在头韵上，获得了和谐美妙的音乐之美。可以说，在节奏和音韵两个方面，汉英诗歌以各自独特的方式使人产生了听觉审美满足（aesthetic satisfaction）。

一、汉英诗歌发展的历史渊源

为什么我们通常把“诗”称作“诗歌”呢？这个称谓是怎样来的呢？其实“诗”和“歌”原本就不是可以结合在一起的东西，所谓“歌”是先民在劳动过程中情不自禁发出的感叹声，如嘿、啊、嗨、唉、兮等，这些感叹词的产生远在文字形成之前，当然比诗更早得多。文字出现之后，慢慢形成了文学，用文字书写的词配上简单的音乐，就成为一首歌。最初的诗也配上音乐吟唱，由此诗与歌这两个不同的概念就结合起来，以至于更多的时候人们将诗称为诗歌。

朱光潜认为：“诗歌与音乐、舞蹈是同源的，而且在最初是一种三位一体的混合艺术。”[①]诗歌是最精练的语言形式，是一种歌咏的语言艺术。无歌不成诗，有诗就有歌；诗歌的这种内涵，充分地体现了其音乐性。唐诗作为中国诗歌鼎盛时期的文学形式，节奏铿锵，音韵悦耳，读来朗朗上口，给人以巨大的听觉享受。

卞之琳鲜明指出，诗完全属于“听觉的艺术”。我国古人对“吟诗”极其重视，“新诗改罢自长吟”“吟安一个字，捻断数茎须”“二句三年得，一吟双泪流”之论，无一不证明吟诵是诗歌音乐美得以实现的必不可少的手段；离开了吟诵，诗歌格律就失去了存在的基础，当然也就失去了美感和生机。从公元前11世纪至前6世纪的《诗经》，一直

① 朱光潜：《朱光潜美学文集》第二卷，上海文艺出版社，1982年，第516页。

到五四新文学，中国的诗词歌赋始终秉承着其音乐性、歌咏性特征。

英语诗歌的历史虽不如汉语诗歌源远流长，但也可以追溯到公元前8世纪至前4世纪的古希腊诗歌（西方有记载的文学艺术滥觞于古代的希腊）。中西诗歌在历史脉络、表现机理上是相通的。在古希腊，诗歌形成的过程中同样体现了音乐性特征，而且诗歌首次从口头传唱的“诗歌”变成了“书写”的文学作品，读起来呈现出高低起伏的语调，使视觉和听觉得到满足。诗歌伴随着古希腊文明的繁荣获得了空前的发展。但遗憾的是，随着英语诗歌的不断发展变化，从20世纪开始，非音乐性、非歌咏性却成为诗歌的主流。

其实，诗歌无法摆脱吟诵艺术的传统。衡量一首诗歌作品的优劣，首先要看它是否符合吟诵艺术或说唱风格所具有的美学元素。明白了这一本质的问题，就能帮助我们理解为什么诗歌经历了大大小小的变革，却始终不能改变诗歌的吟诵属性。虽然到19世纪初，西方出现了自由体诗歌，但很多人并不认同自由体诗歌的随意而为和对音乐性的摒弃。

二、汉英诗歌的文化传统

诗歌的音乐性体现在韵律上，而音韵是韵律的核心。汉英诗歌音韵的形成与发展有相同的地方，更有不同之处。

关于韵，我国古籍中很早就有论述。《文心雕龙·声律》中就有定义：“同声相应谓之韵。”古人写诗，极其讲究韵律。诗歌的韵律，主要通过押韵得以实现。也就是说，诗歌中大多偶数句的末尾使用韵母相同或相近的字，使得音调和谐，音韵悦耳，回环往复。从“关关雎鸠，在河之洲”开始，古人就大量使用叠字、叠韵、双声等押韵方式，诗歌的韵律就沉浸在中华民族的血脉灵魂深处，难怪在我国一直就有“无韵不成诗”之说。

韵自汉语生，汉语的音、形构成对诗韵有天然的适应性，这是表音文字所不能比拟的。韵可能最早由匈奴人（Huns，前206—220）传到了欧洲。公元4世纪时的拉丁诗中就出现了韵的应用，而后韵由拉丁诗进入了英诗，受到人们的关注和喜爱。14世纪末，被誉为“英国诗歌之父”的乔叟（Geoffrey Chaucer，约1343—1400）在其著名的《坎特伯雷故事集》（*The Canterbury Tales*）里首创了诗歌的双韵体，也被称为英雄偶句（heroic couplet）韵式，即每两行押韵的五音步抑扬格，取得了很高的艺术成就，后被许多英国诗人所采用，此后诗韵在英诗中渐盛。新的诗体形式，如十四行诗（sonnet）也被介绍到英国。可是后来弥尔顿（John Milton，1608—1674）提出了“无韵不害”的见解；他在其著名史诗《失乐园》（*Paradise Lost*）中使用了“素体诗”（blank verse，即五音步抑扬格诗行，不用韵），并在扉页上明确指出：“韵并不是诗的必不可少的附属物。”更有甚者，美国诗人惠特曼（Walt Whitman，1819—1892）的《草叶集》（*Leaves of Grass*）以无韵的自由诗形式在很大程度上改变了20世纪诗坛的创作传统。

纵观从乔叟开始英诗发展的600余年历史，尤其是到19世纪末为止的500多年中，可以发现像彭斯（Robert Burns）、拜伦（George G. Byron）、雪莱（Percy B. Shelley）、济慈（John Keats）、华兹华斯（William Wordsworth）、丁尼生（Alfred Tennyson）、勃朗宁（Robert Browning）等许多大诗人大都是用韵创作，无韵的诗作很少是成功的。而在20世纪初，无韵的自由诗兴起，韵逐步受到冷落。以英国诗歌杂志《诗刊》（*Verse*）1993—1994年的5期为例，每期刊出116—180页诗，5期大约700页，韵诗只占了3.3%。也就是说，96%以上的现代英诗都没有韵，韵已经沦落到若存若亡的地步。现代英诗冷落、漠视诗韵的原因，大概可以从以下两个方面做一分析。

一是英语不易押韵的性质所决定的。英语有一个显著的特征，就是英语属于重音语言，单词的重音往往落在第一个音节上，由此头韵（alliteration）就无形中占据了一个重要的地位，而尾韵（rhyme）则处于条件差、难押韵的状况，故造成了头韵盛、尾韵衰的局面。韵对英语来说是个舶来品。汉语是声调语言，易韵；英语是重音语言，难韵。

二是受时代因素影响。维多利亚时代（Victorian Age，1837—1901）英国达到了强盛的世界之巅，全国上下充满了乐观和自信；知识界、文学界、艺术界感受到了空前的思想解放，诗人们渴望打破传统诗歌韵律的条条框框，于是掀起了创作自由体诗歌、无韵体诗歌的热潮，最终出现了不押韵的自由诗（free verse）。

在中国五四新文化运动中，以郭沫若为首的诗人崇尚西方英语诗歌的创作理念和风格，刻意模仿英诗的句式。郭沫若的诗集《女神》、胡适的《尝试集》打破了古典诗歌的语言、格式、平仄和押韵等规则，形成以白话文为语言的不拘格律的创作形式。这种创作抛弃了汉语古典诗歌的优秀传统，呈现了一种无规律可循、过分自由的诗体，使诗的“音美”“形美”问题陷于一片混乱当中。虽然文学界对汉语新诗音韵的探索从未停止，但始终难以得到认可，以至于一些有识之士发出了“缺少音乐性是新诗的软肋”的感叹。

令人欣慰的是，因新文化运动中自由诗的崛起而遭受冷落的古典诗词，在百年后的21世纪强势回归，大有压倒自由诗之势。毫无疑问，古典诗词那富有民族特色的音韵美令自由诗黯然失色，无法望其项背。

第二节　从语言构成特点看汉英诗歌韵律的差异

一、汉英诗歌的节奏

自然现象的变化、交替是自然宇宙的节奏，节奏存在于万事万物之中；语言现象的变化、错落有致、跌宕起伏是诗词歌赋的节奏。无论古今中外，诗歌都在极力追求节奏感和音韵美。由于语言的构成要素，汉语长于音韵，而英语长于节奏。

英语词汇主要由双音节词和多音节词组成，每一个双音节词或多音节词由重读音节（accented syllable）和与它相邻的非重读音节（unaccented syllable）组成。英诗的节奏则形成于重读音节与非重读音节的交替出现，通过不断变化的语调映照出语流的跌宕起伏。重读音节和非重读音节构成一个音步（foot），音步是构成英诗的基本单位，诗行的长短主要取决于音步数量的多少。音步通常有四种格式：（1）抑扬格（iambus）；（2）扬抑格（trochee）；（3）扬抑抑格（dactyl）；（4）抑抑扬格（anapaest）。抑指的是轻音节，扬指的是重音节。英诗的音步表现形式又有着数量的不同，如双音步（dimeter）、五音步（pentameter）、八音步（octameter）等。在漫长的创作实践和发展中，抑扬格五音步成为英诗中最常用、最受欢迎的格式，英语诗行中有2/3运用的就是抑扬格五音步。备受人们喜爱的莎士比亚十四行诗就是用这种格式写成的。请看其中第18首的前四句：

Sonnet 18

Shall I/compare/thee to/a sum/mer's day ?

Thou art/more love/ly and/more tem/perate.

Rough winds/do shake/the dar/ling buds/of May,

And sum/mer's lease/hath all/too short/a date.

汉语的节奏来自平仄。何为平仄？顾名思义，平，就是平坦、不倾斜的意思；仄，正好相反，是不平、侧倾的意思。古人把汉字分为平仄两种读音，每一个字分为平、上、去、入四声，平和上归纳为平声，去和入归纳为仄声。随着语言的演变，入声已经消失；现代汉语分为阴平（一声）、阳平（二声）、上声（三声）和去声（四声）。汉诗的节奏以平仄的交替形成声调的抑扬顿挫，产生了萦回起伏的音乐美。

近体诗（有人称为旧体诗，这个说法不严谨。五四运动之前的诗称为旧体诗，之后的诗称为新诗，即不拘格律、平仄、押韵的现代诗或自由诗。旧体诗包括古体诗和近体诗，唐代之前的诗称为古体诗，也称古风，不拘格律平仄；唐代及唐代之后的诗称为近体诗），又称格律诗，律诗和绝句都应平仄交替、相间，句式粘对。汉诗诗行的字数不统一。经过漫长的创作实践与比较，五言和七言成为近体诗中最广泛使用、最受青睐的句式；唐代以来，产生了许许多多脍炙人口的名篇。例如李商隐的《夜雨寄北》：

君问归期未有期，
巴山夜雨涨秋池。
何当共剪西窗烛，
却话巴山夜雨时。

这首七绝的平仄格式是：

仄仄平平仄仄平，
平平仄仄仄平平。
平平仄仄平平仄，
仄仄平平仄仄平。

一行英诗有着不同数目的音步，同样，一行汉诗也有着不同数目的音组，即节奏单位。例如：老骥/伏枥，志在/千里。（曹操：《龟虽寿》）野旷/天/低树，江清/月/近人。（孟浩然：《宿建德江》）一骑/红尘/妃子/笑，无人/知是/荔枝/来。（杜牧：《过华清宫》）

汉诗的音组或节奏单位是按语法或意义来划分的，表现出其内在逻辑和联系；英诗的音步则不考虑一个个音步是否有语意和逻辑关系，完全按轻重音节划分，这样就会产生一个多音节词的音节被安排在下一个单词的音步里的现象。

由此可见，汉英诗歌各自依据不同的语言属性和语音特征，将重读与非重读音节、平与仄交错排列并有规律地重复，使诗行升腾跌宕，展现音乐美。从某种程度上讲，这两种式样有异曲同工之效。汉诗中的平仄表现在声音的长度和声调变化上，而英诗中的抑扬表现在声音的轻重、强弱上。汉诗中的平仄安排体现规则，而英诗的抑扬安排着重变化。

二、汉英诗歌的音韵

所谓诗歌押韵指的是押尾韵，韵脚的前后音相同。汉英诗歌的押韵模式不同，汉字的结构通常是声母+韵母，即英语的辅音+元音，因而押韵形式相对单一和容易；汉字均以韵母结尾，用作韵脚，声音响亮，作为尾韵循环往复，朗朗上口，特别能增强听觉上的美感。英语单词的结构通常是辅音+元音+辅音，押韵形式相对复杂和不易；英语文字多为辅音结尾，远不如元音响亮悦耳。汉字的“一字一音节”结构特征使得汉诗的韵脚一押到底，无须换韵。英诗远逊于汉诗，因为单词绝大多数是双音节词、多音节词，而单音节词的同音词数量太少，仅占英语词汇总量的5%。如在一首稍微长一点的诗中一韵到底，常常无法找到足够的同韵词，押韵受到很大限制，很难像汉诗那样得心应手。

针对英诗在尾韵上的缺陷，出现了弥补缺陷的手段，常用的有：（1）头韵（alliteration），即一诗行中两个或两个以上词首辅音的重复，这是英诗中最普遍、最常见的一种用韵模式，如“Over breaking billows, with bellying sail.”（《贝奥武甫》）；（2）谐元韵，也称腹韵（assonance），即一诗行中两个或两个以上单词的重读元音的重复，如fish/swim、stream/green、line/rhyme/tight；（3）谐辅韵（consonance），即一诗行中两个或两个以上词尾辅音的重复，如add/read、stroke/luck、rain/tone；（4）行内韵（internal rhyme），即一诗行中两个或两个以上单词重读元音与尾韵的重复，如“We plough and sow—we’re so very, very low.”（琼斯），行内韵构成了英诗独特的音韵美。

英诗在押韵格式上变化多样，有AABB（连韵）、ABAB（交韵）、ABBA（抱韵）、AAA（三连韵）等。请观察如下三首诗的韵式：

（1）Had we but world enough, and time,（A）

This coyness Lady were no crime.（A）

We would sit down, and think which way;（B）
To walk, and pass our long Loves day.（B）
(Andrew Marvell, “To His Coy Mistress”)

（2）But knowledge to their eyes her ample page,（A）
Rich with the spoils of time did ne’er unroll:（B）
Chill penury repressed their noble rage,（A）
And froze the genial current of the soul.（B）
(Thomas Gray, “Elegy Written in a Country Churchyard”)

（3）Thy voice is on the rolling air,（A）
I hear thee where the waters run;（B）
Thou standest in the rising sun,（B）
And in the setting thou art fair.（A）
(Alfred Tennyson, “In Memoriam”)

但是十四行诗的格式相对比较固定，前八行（octave）的押韵格式一般为ABBAABBA，这种韵式称为吻韵；后六行（sestet）的押韵格式有三种：EDCEDC、CDCDED、CDEDEE，这种韵式称为链韵。每行五个韵步（pentameter）。

汉诗的押韵格式简单，不管是绝句还是律诗都是采用AABA式。根据汉诗规则，B是白脚，即句尾不押韵；三个A是韵脚（首个A也可以不押韵）。

朱光潜在谈到韵的作用时指出：“韵的最大功用在把涣散的声音联络贯串起来，成为一个完整的曲调。它好比贯珠的串子，在中国诗里这串子尤不可少。”[①]当今英国人在用韵态度上发生了较大的变化，无韵诗不再是英诗的主流。英国有名的《诗刊》轻视用韵，但事实表明那只是一部分文人的欣赏习惯和口味。王宝童曾于1996—1997年赴英国访学，留心观察后，发现英国的报纸杂志、电视广播都有大量的韵诗或韵

① 朱光潜：《朱光潜美学文集》第二卷，上海文艺出版社，1982年，第523页。

文。美国学者德鲁（Elizabeth Drew）认为：“现在韵又回归时尚。”（“Nowadays rhyme is back in fashion.”）如果说从20世纪初开始人们弃韵是对18世纪、19世纪用韵传统的反叛，那么现在重新用韵则是对过去弃韵传统的反叛。

第三节 从美学角度看汉英诗歌韵律的差异

诗歌在任何一种语言中都是最富有音乐性和审美情趣的语言艺术。激昂的节奏、优美的音韵对于任何一种文化背景下的读者都是一种美的享受，都会激发起一种愉悦的心理和审美体验，这就是诗歌音乐美的认知共性。

一、节奏创造跌宕起伏的抑扬之美

汉字最典型的特征之一就是一个字一个音节，而且元音音节（韵母）永远出现在辅音（声母）之后，每个字具有平、上、去、入四个声调，中国诗人便巧妙利用这个平仄平台酿出不同的节奏，或激昂或沉郁，或厚重或轻快，或清新或古朴。鲜明的节奏增强了诗歌的表现力和意境美。

王昌龄的《出塞》久负盛名，被称为唐人七绝的压卷之作，请看：

秦时/明月/汉时关，
万里/长征/人未还。
但使/龙城/飞将在，
不教/胡马/度阴山。

每行三个音组，即三个节奏单位；第一、二、四句押［an］韵。这首七言绝句属于平起首句押韵式的平仄格式，节奏鲜明，情调雄浑，意境阔达，在音韵上获得了和谐共振的抑扬之美。“文学文本的节奏和旋律，如同音乐作品的节奏和旋律，是文本的灵魂，更是意义的重要组成部分。”[①]诗歌，作为文学形式中的精华，奏出了最华彩的乐章。

汉诗通过平仄达到抑扬顿挫、起伏跌宕、音调铿锵悦耳的美学效果。诚然，英诗中没有平仄，但英诗在节奏上有它特有的美。英语是一种重音语言，其节奏由轻重读的交替更迭来凸显诗歌高低强弱之乐美；一诗行里的若干音步又因轻重音排列不同形成不同的抑扬格、扬抑格、抑抑扬格或扬抑抑格。最典型的是莎翁的十四行诗，其格律是抑扬格五音步；整个诗行共有五个音步，五组周期性的变化如同乐谱的小节，也酷似跳舞的舞步，美感四溢。

二、音韵创造铿锵悦耳的回旋之美

诗歌的音乐性语言产生的魅力源于语言本身所具有的属性，正如我国南梁文学家沈约所言：“以文章之音韵，同弦管之声曲。”韵律之美除客观因素外，也渗透着主观感受性和社会共鸣性。

音韵同节奏一样创造美，音韵产生的美是诗歌音乐美的主体。中国是一个诗的国度，一首首优美动听的经典诗歌令中国人沐浴在美的阳光里，享受着美的精神世界。汉诗的音乐美在世界文学殿堂里是无与伦比的。

英语音韵之美，应主要归功于头韵。头韵不仅大量应用于诗歌，还广泛应用于散文、谚语、广告等。柯勒律治（S. T. Coleridge）在其《老水手行》（*The Rime of the Ancient Mariner*）中，娴熟地运用了头韵、行内韵等修辞手法。请看诗的第二部分第五诗节：

The fair breeze blew, the white foam flew,
The furrow followed free;
We were the first that ever burst

---

① 张春柏：《文学翻译中的节奏与旋律》，《外语教学理论与实践》2012年第4期，第42-47页。

Into that silent sea.

在这一诗节中，头韵的运用独具匠心：在“fair”“foam flew”“furrow followed free”“first”中，摩擦音［f］重复达7次之多，再加上“breeze blew”中象征气流的爆破音［b］的重复，极大增强了诗行的音韵效果，使读者仿佛看到船儿在海上轻快航行、白浪飞溅的景象。在第四行“silent sea”中，摩擦音［s］的重复，更使读者产生“大海一片宁静，只有水声沙沙”的遐想。各种声音交织回荡，音韵美和意境美达到了高度契合。

还如托马斯·纳什（Thomas Nashe）的《春》：

The fields breathe sweet, the daisies kiss our feet,

Young lovers meet, old wives a-sunning sit,

In every street these tunes our ears do greet,

Cuckoo, jug-jug, pu-we, to-witta-woo!

Spring! The sweet Spring!

纳什的这首诗堪称用韵之盛，美不胜收。押腹韵［i:］：第一行的“fields”“breathe”“sweet”“feet”和第三行的“street”“these”“greet”；押腹韵［ʌ］：第二行的“young”“lovers”“a-sunning”；押尾韵［i:］：第一行的“feet”和第三行的“greet”。不同元音的反复交替，声音响亮，将这首诗的音乐美抒发得酣畅淋漓。

诗歌的精髓在于通过凝词炼句来营造诗歌深远的意境，而韵律从某种意义上讲是诗之所以为诗的决定性因素，是促进意境形成的重要手段，中国的唐诗宋词如此，西方的传统诗歌亦是如此。优美的诗歌读起来如玉石相击，铿锵悦耳，如行云流水，余音绕梁，给读者以极大的视觉和听觉享受，韵律美与意境美在艺术效果上实现了完美统一。也正是因为汉英诗歌的形成特点、文化背景、审美情趣等因素的不同，它们各自以独特的风格和方式绽放着美的芬芳和魅力，为不同民族提供着精美绝伦的精神产品。

第四节 汉英诗歌中韵律的翻译方法

诗歌是文学的最高形式，是极具音乐性和形式美的言语表达艺术。唐诗（格律诗）无疑是中国诗歌史上一座最巍峨的高峰，是中国文学宝库中一颗最耀眼的明珠。唐诗的魅力在于其凝练的语言、优美的意境、和谐的韵律和工整的形式。瑞典前诺贝尔文学奖委员会主席谢尔·埃斯普马克（Kjell Espmark）对唐诗赞誉有加："世界上哪些作品能与中国的唐诗和《红楼梦》相比呢？"如何让中国博大精深的传统文化中最珍贵的宝藏走向世界，让世界领略中国古典诗词的不凡魅力，是翻译界一直都在探讨的问题。而翻译界历来持有这样一种说法，即译事难，译诗更难，译格律诗尤难。

著名翻译家许渊冲教授在数十载的诗词翻译实践过程中，构建了一套完整的翻译美学理论，即诗词翻译"三美"原则：意美、音美、形美。就其重要性而言，"意美"应是首位，"音美"次之，"形美"更次之。高度音乐化是诗歌的重要属性之一，韵律和节奏是诗歌音乐化的最重要特征：韵律，即押韵；节奏，即平仄。我们知道，拼音文字的英语和象形文字的汉语存在着巨大的差异。英语的押韵格式与汉语的押韵格式有显著不同；在节奏上英语有音步中的轻重读音节，而没有汉语的四声所产生的平仄。因此，汉诗"音美"特征的传达受到了极大的挑战。许先生在翻译实践中，苦心孤诣，高度重视"音美"的移植和再现，为中国诗词英译起到了先锋和指导作用，也引起了翻译界关于音韵是否应译、是否能译的热烈讨论。笔者认为，诗固然难译，但诗是可译的，格律诗也是可译的，音韵美的传达即使受制约也是可以做到的。当然，许先生的"韵体译诗"也有不足之处，这需要广大汉诗英译者更加努力探索，以丰富和发展这一中国特色的"三美"翻译理论。

英语和汉语属于截然不同的语言系统，两者之间的差异远远大于西语之间的差异，因而诗歌互译是极其困难的。但从世界文化交流的大背景来看，这又是极其重要和必需的。古今中外很多大文豪、大译家就提出了“诗不可译”，美国诗人弗罗斯特（Robert Frost）的“Poetry is what gets lost in translation.”就是一个典型代表。然而“诗虽难译，但还是可译”，随着翻译理论及方法的不断发展和丰富，大量的中国诗歌译品已经被像许渊冲这样高超的译家呈现给世界，为我们提供了有益的启发和有价值的参考。

格律诗既然能译，那采用何种方式译呢？此问题集中在“散文体”译诗还是“韵文体”译诗这样一个焦点上。

一、“散文体”派的观点

此派坚持以散文的形式翻译汉诗，极其重视意蕴、意境的传达，而不求韵脚的回环与节奏的和谐。其观点和主张缘于三个方面的考量：

1. 汉语与英语的构词特性不同：汉字皆一字一音，四声形成平仄；英语多数一词多音，轻重音节形成节奏。因此，音韵难以移植。

2. 汉诗与英诗的押韵格式不同：汉字皆以韵母结尾，自然形成响亮的韵脚，并可一韵到底；英语多以辅音结尾，韵脚不响亮，只能采用多元韵式。因此，韵式难以复制。

3. 汉诗与英诗的表现形式不同：汉语“无韵不成诗”，诗词歌赋押韵是主流；英语无韵式的自由诗是西方近现代诗歌的主要表现形式。因此，韵体英译无必要。

诗词翻译界老前辈吕叔湘在《中诗英译比录》序言中表达了这样的观点：只有散体译诗才能保存原诗情趣，而韵体译诗则会流弊丛生。他赞同翻译家韦利（Waley）、小畑薰良（Obata）、宾纳（Bynner）等人采用的散文体。刘重德曾指出：“语音体系的独特性必然是不可移植的。使一种语言的语音体系在另一种语言里重现是不可能的，犹如不可能直译任何语言的单词和句法。”[①]刘英凯也是主张以散文体译诗的学者之一。

通过对“散体派”观点较系统的研究，我们发现，其实“散体派”也不是完全排斥韵体译诗，他们主要担忧的是“因韵害意”。他们认为，汉诗英译中最难移植的就是音韵。押韵只是创造诗美的一种手段，而不是目的。有了“音美”重现的要求，译者往往为了韵脚而煞费苦心寻求同音字，有时不得不对原意进行加工甚至再创造，这样就会破坏原文的意象，进而影响到“意美”的传递，所以刻意追求音韵的移植会束缚译者创造性的发挥。如果用散文体译之，会大大增加创作上的自由度。

国外汉学家中，有不少人出于对中国诗歌的热爱，出版过唐诗英译作品，成就斐然，为中西文化交流作出了贡献。“散体译诗”的代表人物有韦利（Arthur Waley）、沃森（Burton Watson）和艾黎（Rewi Alley）。韦利在其译著《中国诗一百七十首》中称，应采用不押韵的自由形式，因为用韵势必害意。他们的通常做法是为了突出意境的传递而牺牲韵律和节奏。

二、“韵文体”派的观点

《辞海》指出：诗歌“按照一定的音节、声调和韵律的要求，用凝练的语言、充沛的情感、丰富的想象，高度集中地表现社会生活和人的精神世界”[②]。美学家朱光潜说：“诗歌是一种有韵律的纯文学。”[③]诗歌与散文的显著区别就在于诗歌具有鲜明的韵律和节奏。卡莱尔（Thomas Carlyle）认为，诗歌就是音乐性的思想（musical thought），

① 刘重德编著：《西方译论研究》，中国对外翻译出版公司，2003年，第214页。
② 陈至立主编《辞海》，上海辞书出版社，2020年，第3921页。
③ 朱光潜：《朱光潜美学文集》第二卷，上海文艺出版社，1982年，第149页。

“从某种意义上说，诗歌的音乐性简直是诗歌的一半生命”[①]。“庞德不明白中国诗原文音乐性极强，只是英译（尤其是现代风格的自由诗英译）放弃了音乐性而已。”[②]张智中还指出：“汉诗英译之时，若一味放弃诗的音乐性，有时虽然可能迎合了西方当代诗学的潮流，但是，却常常给西方的读者带来误解：他们会以为中国的诗歌，本来就是不押韵的自由诗体。”[③]国外“韵体译诗”的代表人物是翟里斯（Herbert Giles）和特纳（John Turner）。

以许渊冲为代表的“韵体派”主张“以诗译诗”。在我国一直就有“无韵不成诗”之说，由此可见，中国诗歌的韵律之美是多么的重要，尾韵几乎是古典诗歌中必然存在的，那么，英译的中国古诗也应该有尾韵。许先生认为：“翻译唐诗即使百分之百地传达了原诗的‘意美’，如果没有押韵，也不可能保存原诗的风格和情趣。”[④]“音韵节奏之于诗，并非附加的东西，它是表达激情的重要手段，将格律诗译成散文，原始的感情色彩就大为丧失，读起来就索然无味，原诗所造成的令人陶醉的音乐美感就不再有了，因而引起读者共鸣的力量必然大大减弱。”[⑤]

许渊冲的老师、倡导音译的学者、诗人卞之琳先生指出：翻译诗歌的译者，首先应是个诗人，至少是个懂诗的人，即“诗人译诗，以诗译诗”。许渊冲先生在九旬高龄，用自己毕生的翻译理论和实践，比较理想地回答了译界公认的“诗不可译”问题，比较成功地解决了韵体译诗会“流弊丛生”等棘手问题。他主张：“翻译唐诗，宁可继承Giles诗

① 张智中：《汉诗英译美学研究》，商务印书馆，2015年，第160页。

② 赵毅衡：《诗神远游——中国如何改变了美国现代诗》，上海译文出版社，2003年，第182页。

③ 张智中：《汉诗英译美学研究》，商务印书馆，2015年，第166页。

④ 许渊冲：《翻译的艺术》，中国对外翻译出版公司，1984年，第33页。

⑤ 何茂正：《统摄原意另铸新词：论诗歌的翻译》，载杜承南、文军主编《中国当代翻译百论》，重庆大学出版社，1994年，第306页。

体译文的传统，而不可采用Waley的散文译法。……既然写诗的作者愿意戴着音韵的镣铐跳舞，译者有什么理由要丢掉这副镣铐呢？如果丢了音韵，翻译出来的东西能够算是诗词吗？”[①]那么，许先生戴着音韵的镣铐译诗，译得如何呢？杨振宁先生曾经这样评价他的译文：“戴着音韵和节奏的镣铐跳舞，跳得灵活自如，令人惊奇！”

三、两种译派的译例比较

孟浩然的《春晓》是一首妇孺皆知、传诵古今的五言绝句，它也被众多翻译家翻译成多国文字，流传海外。下面从众多译本中挑选四个比较权威的译本做一比较，初步探讨四个译本在音韵传达方面的优势与不足。请先看“散体派”翁显良教授的译文：

Late! This morning as I awake I know,

All around me the birds are crying, crying.

The storm last night, I sensed its fury;

How many, wonder, are fallen, poor dear flowers. [②]

可以说，翁译比较准确地传递了原诗“伤春之易逝，叹花之飘零”的主题，再现了原诗的意境。在诗人的感受里，“啼鸟”不是在欢乐地唱歌，而是在悲鸣，因此“cry”“fury”用得很好。夜晚的一场风雨无情地将娇艳欲滴的花儿摧残，这首诗的整个意境应该是苦涩哀伤的，译文与意境相符。然而，原诗朗朗上口的音韵美却没有再现，整篇译文看似是一篇散文，失去了一首唐诗应有的韵味。在翁先生的译著《古诗英译》中，全部诗都不押韵，都译成了散文形式。有研究者指出：“无韵译诗是顾忌因韵害意或由于作者自身能力所限，乃不得已而为之。”[③]

① 许渊冲：《文学与翻译》，北京大学出版社，2003年，第176页。

② 许渊冲：《中诗英韵探胜》第二版，北京大学出版社，2010年，第157页。

③ 孔祥立：《“三美”论：〈红楼梦〉诗词翻译的理想标准——以许渊冲〈葬花吟〉英译为例》，《唐山师范学院学报》2008年第4期，第12-15页。

宾纳的译文：

I awake light-hearted this morning of spring,

Everywhere round me the singing of birds—

But now I remember the night, the storm,

And I wonder how many blossoms were broken.[①]

宾纳与翁译一样用散文体译诗，在意境的把握上逊于翁译。其译文的主题格调给人以明快轻松的感觉，可见，译文没能挖掘出诗人的内心感受，即原诗的深层意蕴。主题格调应是哀叹，而不是欣喜。这样的翻译只停留在景物描写，没有真实再现原诗的“意美”。郭著章认为：宾纳的译文“为了力臻化境，采用了散体而没有勉强凑韵，自然忠实地表达了原意”[②]。对此，笔者不敢苟同。

特纳的译文：

How suddenly the morning comes in spring,

On every side you can hear the sweet birds sing.

Last night amidst the storm—Ah, who can tell,

With wind and rain, how many blossoms fell?[③]

特纳的译文讲究押韵。原诗是AABA韵式，译文采用的是AABB韵式，虽然有些变化，但也符合英诗的韵式习惯，再现了汉诗的韵律美；“sing”对“spring”，“fell”对“tell”，读来朗朗上口。但其译文的主题格调同宾纳的译文一样，没能深入挖掘出原诗的内涵。

许渊冲的译文：

This morn of spring in bed I'm lying,

Not wake up till I hear birds crying.

---

① 许渊冲：《中诗英韵探胜》第二版，北京大学出版社，2010年，第206页。

② 郭著章、江安、鲁文中选译注：《唐诗精品百首英译》修订版，武汉大学出版社，2010年，第92页。

③ 许渊冲：《中诗英韵探胜》第二版，北京大学出版社，2010年，第206页。

After one night of wind and showers,

How many are the fallen flowers![①]

许译采用的也是AABB韵式。“crying”上对“lying”，“flowers”上对“showers”。在情境表达上，“crying”比“singing”把握得更准确，与原诗的哀伤格调相契合。整首译诗达到了“三美”原则的整体要求。

我们可以看出，在“音美”上，许译比翁译和宾纳的译文远胜一筹，实现了诗歌音乐性的合理移植。但在“意美”上，我们不得不承认许译略逊一筹，宾纳、特纳的译文更次之，而翁译无疑占有绝对优势。

第五节 汉诗英译中“音美”特征的巧妙传达

许渊冲指出：“要把我国诗词译成世界文化珍品，那就要尽可能传达诗词的意美、音美、形美。而要传达诗词的‘三美’，就要用诗体译诗。”[②]许先生进一步解释道：“瓦雷里说，散文是走路，诗是跳舞。在我看来，把像跳舞的诗词译成走路般的分行散文，是不成为诗歌的。”[③]关于“三美”之间的相互关系，许先生说：“押韵的‘音美’和整齐的‘形美’是必要条件，而‘意美’却既是必需条件，又是充分条件”，而且，“宁愿保存节律和用韵的‘信’，否则诗歌就不伦不类了”[④]。许先生以深厚的中西语言文化功底、严谨务实的学术作风，认真雕琢每一个字、每一个音节，精心设计和镶嵌着每一个韵脚，创作出一首首精美的译诗，堪称汉诗英译之典范。

① 许渊冲：《中诗英韵探胜》第二版，北京大学出版社，2010年，第158页。

② 许渊冲：《文学与翻译》，北京大学出版社，2003年，第42页。

③ 同上，第203页。

④ 许渊冲：《翻译的艺术》，五洲传播出版社，2006年，第118页。

1. 杜牧《山行》

远上寒山石径斜，
白云生处有人家。
停车坐爱枫林晚，
霜叶红于二月花。

A slanting stony path leads far to the cold hill,
Where fleecy clouds are born, there appear cots and bowers;
I stop my cab at maple woods to gaze my fill,
Frost-bitten leaves look redder than early spring flowers.[①]

译诗通过精心选用stony path、cold hill、fleecy clouds、cots and bowers、cab、maple woods、frost-bitten leaves、spring flowers这一组意象词语，构成了一幅和谐统一的深秋山林景色画面，展现了诗人内在的精神世界。

现与科特韦尔（R. Kotewell）和史密斯（N. Smith）的译文做一比较：

After l climb the chill mountain's steep stone paths,
Deep in the white clouds there are homes of men.
I stop my carriage and sit to admire the maple grove at nightfall,
Whose frozen leaves are redder than the flowers of early Spring.[②]

译诗采用散文体，四句尾词分别是paths、men、nightfall、Spring，读起来缺乏音韵之美感。而许译采用英诗常用的ABAB韵式，韵脚"fill"对"hill"，"flowers"对"bowers"，两对词都是单音节词，读起来洪亮悦耳。这种精雕细刻，不仅十分巧妙地传达了原诗的韵味，还准确地再现了原诗的意境。此外，科特韦尔和史密斯的译文出现了词语误译问题，即原诗中"坐爱"的"坐"不应直译为sit，它是"因为"

---

① 许渊冲：《中诗英韵探胜》第二版，北京大学出版社，2010年，第153页。

② 郭著章、江安、鲁文中选译注：《唐诗精品百首英译》修订版，武汉大学出版社，2010年，第200页。

的意思。英语母语译者常常出现对原诗理解不透，甚至理解错误的情况，这也就是为什么一些学者强调“中国诗歌中国人译”。

2. 王之涣《登鹳雀楼》

白日依山尽，
黄河入海流。
欲穷千里目，
更上一层楼。

The sun beyond the mountains glows,
The Yellow River seawards flows.
You can enjoy a grander sight,
By climbing to a greater height.①

许译重现了诗人眼前所呈现的一幅流光溢彩、金碧交辉的壮丽图画，揭示了“登高望远”的哲理。译诗采用了AABB韵式，两对单音节词响亮悦耳，成功移植了原诗的“音美”特征。

在节奏上，译诗也是值得称道的，它把五言绝句转化为英诗每行的八个音节、四个抑扬格音步。英语的轻重音节相间产生节奏，汉语的平声与仄声相间产生节奏。在许渊冲的唐诗英译中，五言多用抑扬格四音步八个音节，七言多用抑扬格六音步十二个音节，这样汉诗中的节奏就被巧妙地译介到英诗节奏中。

此外，译诗最后两行没有逐字翻译“千里”和“一层”，而是灵活地浅化成两个形容词比较级，形式工整，更添音乐美。

3. 杜甫《闻官军收河南河北》

剑外忽传收蓟北，
初闻涕泪满衣裳。
却看妻子愁何在，

① 许渊冲：《中诗英韵探胜》第二版，北京大学出版社，2010年，第154页。

漫卷诗书喜欲狂。
白日放歌须纵酒，
青春作伴好还乡。
即从巴峡穿巫峡，
便下襄阳向洛阳。

It’s said the Northern Gate is recaptured of late,
When the news reach my ears, my gown is wet with tears;
Staring at my wife’s face, of grief I find no trace.
Rolling up verse books, my joy like madness looks.
White-haired as I am, still I’ d sing and drink my fill.
With verdure spring’s aglow; it’s time we homeward go.
We shall sail all the way through three Gorges in a day.
Going down to Xiangyang, we’ll go up to Luoyang.①

许译同原诗一样淋漓尽致地抒发了诗人忽闻叛军溃败、家乡胜利消息之后的无比喜悦之情，此七律被誉为杜甫“生平第一首快诗也”。乍一看，译诗没有押尾韵；细一瞧，原来是押内韵（也称行内韵）。内韵是汉诗无、英诗有的押韵方式，可见许先生的匠心独运。英诗的音韵之美并非只体现在尾韵方面，也体现在内韵方面，同一诗行中两个相同元音的前后重复也能带来独特的音美效果。内韵的运用缩短了两个押韵音节之间的距离，从而加快了诗歌的节奏，创造性地传递了唐诗中的音韵美感。

这里需要说明的是，虽然许渊冲先生极力推崇“韵体译诗”，但并非完全排斥“散体译诗”。其《汉英对照唐诗三百首》以音韵美而独步众译本，但也有五首为自由体诗。

① 许渊冲：《中诗英韵探胜》第二版，北京大学出版社，2010年，第193页。

第六节 “音美”特征传达中存在的问题

英汉诗歌不同的韵律特征使得译文难以实现原诗韵律的复制和再现，然而许渊冲先生却积极探索，迎难而上，不懈地追求译诗与原诗尽可能地相似，追求古诗英译的最高境界，充分展示了诗歌音韵美的魅力。“学生无不为两种语言的美和许渊冲教授炉火纯青的翻译手法所折服。”[①]“纽约州立大学英语系的教授和学生都被中国古典诗词中蕴含着的音乐美所深深打动。”[②]然而，任何文学翻译都不可能是至臻至美的，许译也是如此。我们发现有个别地方出现了“因韵损意”“因韵凑韵”的情况。

1. 柳宗元《江雪》

千山鸟飞绝，
万径人踪灭。
孤舟蓑笠翁，
独钓寒江雪。

这是一首押仄韵的五言绝句，诗人只用了20个字，就描绘了一幅空寂、幽冷、孤寒的画面，借以抒发作者遭受迫害被贬的抑郁悲愤之情。许译非常成功地再现了原诗的意象和意境：

From hill to hill no bird in flight,
From path to path no man in sight.
A straw-cloak’d man afloat, behold!

① 陈国坚：《三十年诗词西译杂谈——兼评许渊冲教授的三美论》，《广东外语外贸大学学报》2008年第1期，第20-24页。

② 李菡：《许渊冲诗歌翻译的美学追求——从〈汉英对照唐诗三百首〉谈起》，《中国新闻出版报》2003年3月6日第3版。

Is fishing snow on river cold. [1]

译文的前两句押韵，“sight”对“flight”，且句式整齐，对仗工整，给人以视觉、听觉上的美感享受。但在后两句中，许先生为了和末行中的“cold”押韵，在第三行末尾突兀地使用了“behold”（瞧！看呀！）一词。不难看出，此举是为了刻意形成AABB这种韵式。其实，这样安排韵脚并没有必要，它破坏了画面的和谐与意境的完整。

原诗旨在呈现一个冷寂无声的世界，可在译诗中，冷不丁地冒出一个“behold”；如此横插而入，犹如一个《江雪》画面的解说员突然站在读者面前，喊道：喂，大家快看这里，有一个孤独的老翁在钓鱼啊！所以，我们不能不说这是许译的一个遗憾。

2. 李清照《一剪梅·红藕香残玉簟秋》

此词首句，“红藕香残玉簟秋”，许先生是这样译的：“Pink fragrant lotus fade, autumn chills mat of jade.”[2]。“玉簟”指的是精美光滑的竹席，而不是玉做的席，将其译成mat of jade是讲不通的。译文首句用的是内韵，许先生是为了前后两词押韵才这样做的，因而不可避免地造成了“因韵害意”。

3. 李白《秋浦歌·其十五》

这首脍炙人口的五绝小诗采用了浪漫夸张的手法，抒发了诗人怀才不遇的悲愤心情。头上的白发足足有三千丈长，只因愁思无穷无尽也像这样长；不知道在明亮的镜子里的我，从什么地方得来这满头苍苍白发？这是一首抒愤诗。诗人以奔放的激情，把积蕴极深的怨愤和抑郁宣泄出来，迸发出强烈感人的艺术力量。许先生把“白发三千丈，缘愁似个长”译成：

Long, long is my whitening hair;

---

① 许渊冲：《中诗英韵探胜》第二版，北京大学出版社，2010年，第238页。

② 同上，第184页。

Long, long is it laden with care.[①]

许译一、二句用了四个long，借此突出诗人的长长白发和丝丝愁绪，但毫无疑问消解了“三千丈”这一夸张的艺术手法，大大减弱了艺术感染力。为了营造“音美”、创造“形美”，却不同程度地损坏了意象和意境，影响了“意美”的传递。

诗歌是集意、音、形三者于一体的特殊文学样式，诗歌的翻译是一种创造性的活动。许渊冲先生以60余年的翻译实践，以独到的视角和见解，构建了汉诗英译“三美”理论。“三美”论是一套系统的、完整的、科学的诗歌翻译理论，它的提出为中国的诗词歌赋翻译带来了新的理论指导和启示，具有前所未有的意义和影响。

由于英汉语言文化存在的巨大差异和音韵使用规律的截然不同，“音美”特征的传达受到了极大的框囿，以至于制约了唐诗这一中国文学瑰宝“原汁原味”的对外译介。令人欣喜的是，许渊冲先生为我们倾情奉献了一部部卓越的诗歌译著，让外国诗歌爱好者尽情享受到了唐诗无穷的艺术魅力，尤其是音韵美带给他们无比新鲜美妙的音乐性感受。一首首译诗成为中西文化交流的一条条纽带，使得西方读者“知之”“好之”“乐之”。

① 许渊冲：《中诗英韵探胜》第二版，北京大学出版社，2010年，第173页。

第五章　中西文化核心概念之比较

第一节　中西文化的核心概念

当人类社会发展到因个体利益而侵害群体利益的时候，人类就开始失去可贵的品德，其行为就会逐渐失去自律；失去了自律，无所顾忌，就会失去人性。面对人性的丧失，人类社会开始反思并寻求共同的规范来约束自己的行为，这便产生了各自文化的核心概念。

自工业革命以来，科学技术实现重大突破，改变了人类的生活方式，极大提高了人类的生活质量。但资本膨胀，给人类强力灌输了自私和占有的认知，在金钱的诱惑下，很多人的个体行为都是趋之以利而弃之以义。正是这种见利忘义的思想意识和无休止的贪婪行为，才导致人类社会的争端和战争，把大自然破坏得满目疮痍，进而灾难不断，人人自危。人类这个万物之灵之所以走到如此地步，其根本原因就是整体价值观的缺失。本来先天纯真的人性却在欲望的驱使下逐渐抛弃了固有的品德、仁慈、公义和诚信。在当今社会条件下，重温古圣先贤的教导、重拾人类宝贵的文化遗产则显得格外重要。

中国文化的核心概念：仁（benevolence）、义（uprightness）、礼（propriety）、智（wisdom）、信（good faith）、忠（loyalty）、孝（filial piety）、廉（honesty）、耻（sense of shame）、勇（courage）。

西方文化的核心概念：wisdom（智慧）、courage（勇敢）、temperance（节制）、justice（正义）、faith（信仰）、hope（希望）、fortitude（刚毅）、liberality（慷慨）、truthfulness（诚实）、

charity（慈善）。

第二节 中国文化核心概念的内涵及渊源

千百年来，我们中华民族代代相传。在先秦时期的诸子百家中，儒家为中华民族后世奠定了深厚的思想基础。“仁义礼智信”为儒家“五常”。孔子提出“仁、义、礼”，孟子延伸为“仁、义、礼、智”，董仲舒扩充为“仁、义、礼、智、信”，后称“五常”。这“五常”一直在社会发展过程中发挥着规范功能，成为中国价值体系中的核心概念。

仁义礼智信的意思是仁爱、忠义、礼和、智慧、诚信。

忠孝廉耻勇的意思是忠恕、孝悌、廉洁、耻心、勇敢。

如果说“仁、义、礼、智、信”是中华优秀传统文化的树根，那么“忠、孝、廉、耻、勇”就是树干，根由干显，干由根生。

一、何谓仁?

仁者，人二也。指在与另一个人相处时，能做到融洽和谐，凡事不能光想着自己，多设身处地为别人着想，为别人考虑，做事为人为己，即为仁。

儒家重仁。仁者，爱人也。简言之，能爱人即为仁。人和人之间应该互相尊重、互助和友善。仁是人最基本的品德，只有仁德的人才能做到客观公正。仁德是修身的关键。一个人只要立志于培养自己的仁德，那么他就不会做坏事。如果一个人丢掉仁德，也就不能成为君子，甚至对群体、对社会产生坏的影响。

每一个人往往都是站在自己的角度看问题，可以说，自私在某种程度上是人的本性。孔子适时提出了仁这个概念，提出了“己所不欲，勿施于人”，提出了“己欲立而立人，己欲达而达人”这个非常了不起的思想。

孟子进一步发展了孔子仁的学说，将仁由个人修养上升到治理国家。孟子提出了仁政的概念，强调以民为本，统治者要宽厚对待百姓，让百姓富足。

二、何谓义？

人字出头，加一点；在别人有难时，出手出头，帮人一把，即为义。这是对义最基本的解释，从最基本的解释里可以引申出下面的概念。

子曰：“君子喻于义，小人喻于利。”孟子曰：“鱼，我所欲也，熊掌亦我所欲也；二者不可得兼，舍鱼而取熊掌者也。生亦我所欲也，义亦我所欲也；二者不可得兼，舍生而取义者也。”鱼和熊掌都是利，都是我想要的，但当鱼和熊掌之取舍遇到冲突，在面临二者只能取其一的情况下，我会毫不犹豫选择熊掌，选择对自己更有利的东西，这属人之常情，无可非议。接着，孟子说的话显示出他的与众不同，在他看来，生命属于鱼，道义属于熊掌，熊掌比鱼更加珍贵难得，正如道义比生命更加珍贵。生命和道义都是我想要的，但是如果到了必须牺牲才能维护自己的道义时，君子会毫不犹豫舍生取义。

义就是责任，就是担当，就是大爱，对民族、对国家的爱，这就是义。所以，当我们个人利益和集体利益之间、家庭利益和国家利益之间发生冲突的时候，忠孝不能两全。正是因为这样，才奠定了中华民族志士仁人慷慨赴死、杀身成仁、舍生取义的精神。所以，在中国历史上，有“天下兴亡，匹夫有责”的传统，有“穷则独善其身，达则兼济天下”的思想。“居庙堂之高则忧其民，处江湖之远则忧其君。”“先天下之忧而忧，后天下之乐而乐。”这就是中国人的家国情怀。家就是国，国就是家。所以，理解了这一点，我们才能理解中国人强调的那个仁，中国人讲的这个义。儒家强调最高的人生理想：修身齐家治国平天下，以天下为己任，以天下为担当。有了这样的思想和情怀，我们才能在生和死面前、在义和利面前做出正确的抉择。所以，儒家所倡导的修齐治平，既是人格修养，也是政治理想。中国人讲，要想做事，必先做人。

习近平总书记在韩国国立首尔大学的演讲中指出："'国不以利为利，以义为利也。'在国际合作中，我们要注重利，更要注重义。中华民族历来主张'君子义以为质'，强调'不义而富且贵，于我如浮云'。"中国人在国际交往中，注重合作共赢，讲究道义和责任，尊重他国合理需求，以博大的胸怀与世界各国构建人类命运共同体。

三、何谓礼？

礼者（繁体字：禮），示人以曲，如弯曲的谷物。己弯腰则人高，对他人即为有礼，因此敬人即为礼。只有结满谷物的谷穗才会弯下头，礼之精要在于曲。你敬我一尺，我敬你一丈。尊卑长幼有序，处事有规，不败人伦，以正为本，发为恭敬之心、中正之态，礼也。

东周以来，社会局面是礼乐坏，天子衰，诸侯出，天下乱。一些有志之士便开始探寻形成这种乱局的原因。其中，孔子就认为，天下大乱是因为人们不注重礼乐，从而失去了社会的秩序。所以，孔子特别主张礼的观念。如果说仁是人道主义的体现，那么礼就是维护社会秩序的标准和规范。孔子说："不学礼，无以立。"他要求人们"非礼勿视，非礼勿听，非礼勿言，非礼勿动"。他主张恢复周礼，以拯救春秋乱世，救民于水火之中。

礼是道德规则的集合。仁是道德政治最高的理想，礼是仁的外在体现。孔子认为，礼是帮助个体克己修心的一种外在的道德范畴，应以礼来约束和规范人的言行，实现理想中的社会秩序。孔子的理想是将仁者爱人的精神推己及人，再通过礼的规范，使人与人之间互敬互爱，实现和谐的小康社会和大同社会。

四、何谓智？

智者，知也，明白是非、曲直、邪正、真妄，是为智也。《现代汉语词典》中对“智慧”的释义是：“辨析判断、发明创造的能力。”在现代社会中，竞争日益激烈，不论是个人还是民族，没有足够的智力支撑，就难以生存和发展，就无法在博弈中取胜。智慧是永无止境的，向往智慧、靠拢智慧、汲取智慧之心人皆有之。

大体上讲，智慧可以用智商与情商来粗略衡量。智商与情商都可以通过多学习和多思考来提高。多学习，即多读书、多实践。多读书，可获得前人的间接经验；多实践，可获得自己的直接经验。“世事洞明皆学问，人情练达即文章”，这是曹雪芹《红楼梦》中语。“世事人情”关乎人，“学问文章”做于人，本质上都是人的事，两者并用，知行合一，方是为学之道。同时，多思考才能举一反三、融会贯通，才能悟出真理。“学而不思则罔，思而不学则殆”，且学且思，智慧可长，假以时日，当可脱颖而出。

“五常”中的智，可以理解为智慧，或者睿智、明智。明智的更高层次在于能够对所学的知识抽丝剥茧、融会贯通、系统归纳、知行合一，明心、明德、明智，成为有用之达者。

五、何谓信？

信者，人言也。诚实不欺，言出由衷，处世端正，始终不渝。远古时没有纸，经验技能均靠言传身教。不讲诚信之人是难以取得信任、学到技能的。

信，在《说文解字》里被解释为“诚”的意思。人说话出自真诚心，使得大家都能相信，这就是“信”的本义。孔子曾言：“人而无信，不知其可也。”孔子认为，一个不讲信用的人，丧失了做人最起码的资格，是不能在社会中立足的。孟子也认为：“父子有亲，君臣有义，夫妇有别，长幼有序，朋友有信。”儒家将“信”作为朋友交往的重要原则，要求人们按照礼的规定，互守信用。信作为一个基本道德准则，始终贯穿于中华社会伦理的发展之中。

信在汉代被董仲舒列为儒家“五常”的最后一个，正式进入仁义礼智信的儒家文化系统。言必信，行必果。信是儒家实现仁这个道德原则的重要条件之一，也是其道德修养的内容之一。儒家把信当作立国、治国的根本。

诚信是社会主义核心价值观的重要内容，它在国家、社会的建设和个人的发展中处于一个根本和基础的地位。我们要营造“守信光荣、失信可耻”的风尚，说老实话，办老实事，做老实人，激发真诚的人格力量，构建一个言行一致、诚信有序的现代社会。在中小学教育中，通过各种渠道和方式倡导诚信，树立诚信为本、诚信为重的思想观念，这对于弘扬社会主义核心价值观具有十分重要的意义。

六、何谓忠?

忠者，赤诚无私，尽心竭力于职责为忠也。古人云：忠者，人格之成也。对社会、国家、事业不存懈怠，不玩忽职守，鞠躬尽瘁，死而后已。为人要忠实厚道，坚贞耿直，做忠良之人。

在孔子的伦理思想中，忠是一个备受争议的话题。20世纪以来，人们一提到忠，马上就想到“君要臣死，臣不得不死”的愚忠，并将其归罪于孔子。其实，这并非孔子忠的原意。“忠”在《论语》中共出现18次，其中单独出现11次，“忠恕”出现1次，“忠信”出现6次。就其内容看，大多属于处理人际关系的范围。

朋友关系是一种重要的人际关系。在封建社会中，君臣关系、父子关系、夫妇关系、兄弟关系、朋友关系并称为五伦，是人与人之间最基本的关系。在五伦中，朋友关系是最不稳定的。父子关系、兄弟关系，有血缘的纽带来维系；夫妇关系有爱情的纽带来维系；君臣关系有政治的纽带来维系；而维系朋友关系，既没有血缘的、情感的纽带，也没有政治的纽带可资借助。孔子认为，朋友关系只能依靠忠信来维系。忠信一直被孔子视作交朋友的基本原则。

最早将忠和恕联系起来的是中国春秋时期的曾子。孔子对恕的定义是“己所不欲，勿施于人”，即要将心比心，不要把自己所不愿意做的事强加于人。忠是自己内心对人对事的真诚态度和行为，而恕则是以仁爱之心去处理人际关系和谅解别人的不妥之处。中国儒家学者两千多年来对忠恕之道坚持不懈的探讨和深化，积淀了许多超越时空的文明因素，并深入中华民族的文化心理结构之中，成为社会关系和谐的润滑剂。

精忠报国、舍生取义是中华民族自古以来秉承的优良传统，可谓中华魂。“天下兴亡，匹夫有责”是历代仁人志士的矢志追求。忠于事业，忠于祖国，忠于人民，是中华民族崇高的价值理念和神圣担当。时代在发展，忠恕之道更利于构建现代社会的时代精神。

七、何谓孝？

孝者，善事父母为孝，百善孝为先。故圣人云：孝者，德之基，人格之始也。

要以孝治家，以孝治社会，以孝治国家。

“孝”字最早见于殷商甲骨卜辞，上部是个老人，弯腰弓背，而下部是个孩子，伸出双手托着老人做服侍状，上一代与下一代融为一体，称之为孝。

孝为德之本。在中国传统文化中，孝是人伦道德的基石，是人的一切行为的准则。人不孝，其品不如禽兽；乌鸦有反哺之恩，羔羊有跪乳之德。知恩图报，饮水思源，报答父母的生养之恩，天经地义，义不容辞。孝道是衡量一个国家是不是礼仪之邦的重要标准，能促进家庭、民族乃至国家文明的飞跃。老吾老以及人之老，幼吾幼以及人之幼，让慈孝的种子遍撒全社会之中，和谐、友善、幸福的社会生态环境就会形成。

每逢佳节倍思亲。一年又一年的春节呼唤着远离家乡的儿女们千里奔波与父母团聚，这种亲情牵挂，这种特别的感受是西方人所不曾有的。可以说，孝就是我们中国社会最温暖的底色和最独特的精神标识。孝文化作为民族文化心理因素，对于当代中国社会的精神文化建设有着十分积极的作用和意义。

八、何谓廉？

廉者，不义财不取也，意为清廉正直，高洁谨慎，不苟取，不贪污。古人云：君子爱财，取之有道；廉生威，威生明，明生信。常言道：威武不屈，贫贱不移，富贵不淫，汝廉乎？

廉这个词，在我们的社会生活中出现频率非常高，但是它的来历大家未必完全清楚。廉取自于《说文解字》里的一个解释，堂之侧边曰廉。这个廉往往是有棱角的，有棱角就是有骨气，有气节，品行端方，品行端正。

纵览历史王朝的兴亡更替，更可以看到廉政思想贯穿中国数千年历史始终。廉则王朝兴盛；反之，当一个王朝走向衰败的时候，官场的贪污腐败则愈演愈烈，最终导致一个王朝迅速灭亡。这种循环上演的历史现象，让每一代王朝的智者不断反思，在历史过程中探寻治国安邦大道。

孟子提出了“富贵不能淫，贫贱不能移，威武不能屈”的至理名言。不图名利、为政清廉、公正无私、奋发有为的高尚品质永远是一个人、一个团体、一个民族的品格追求。遗憾的是，改革开放以来，随着经济的迅猛发展，官员贪腐现象也大量出现并蔓延开来，侵蚀着社会的肌体，损害了政府公信力，引起了群众的强烈不满。廉洁文化是中国特色社会主义文化的重要组成部分，廉洁文化建设已被摆在政府工作的重要位置，应大力培育克己奉公、扶正祛邪的文化土壤，进一步强化崇廉拒腐、尚俭戒奢的社会风气，以铁腕反腐手段增强自律意识，涵养风清气正、廉洁高效的政治生态。

九、何谓耻？

耻者，羞耻之心也。古人云："耻，乃人禽之别也。"孟子曰："无羞恶之心，非人也。"羞耻感，通俗叫作"脸面"。人们通常把"没羞没臊、没脸没皮"放在一起说。人若无耻，无异于禽兽。

羞耻感是一种自尊心理，它不受法律约束，只被道德所规范。一个有羞耻感的人，内则心存善念，思学正人；外必洁身自好，不做歪人。

纵观中国几千年的历史，羞耻感作为品格的一部分，是代代相传的品德之一，于是乎有了"吾日三省吾身"的教育，也有了"羞恶之心，义之端也"的感慨。可是，羞耻感在今天已经成为一个令人不能不面对的社会问题，羞耻感在大众（尤其是年轻一代）中的部分丧失抑或淡漠令人心痛。大文豪托尔斯泰曾经说过："没有什么东西比让人感到羞耻更起作用了。这常常是人走上新的道路的起点。"羞耻感决定了一个人立身、行事的基本态度和最终结局。

现今查处的一大批贪污腐败案件中，很多牵扯出情人，这些包养和被包养的男人女人，都已丧失了人性的"羞耻感"。这一严重的丑恶现象，对社会造成了非常恶劣的影响，不知有多少个家庭因为这种羞耻感丧失而破裂，而这种不良影响会传达给正在长大的当代少年儿童。

中华民族是一个极具羞耻感的民族。有人说："羞耻心是一种重要的道德情感，是一种为善而斗争的精神力量，是对于卑鄙无耻的事物的一种强有力的抗毒剂，是义务感和责任心的道德情绪的支柱。"人若有"耻"，时时会谨慎观察自身的行为和修养，谨言慎行；人若无"耻"，则无所顾忌，胆大妄为，最终会害了自己，害了家人，害了事业。

十、何谓勇？

勇者，果断、勇敢，有胆量也。从勇字的结构来看，勇是由刀、用、力组成的，一个人用力将刀举过头顶，勇也。如：英勇、勇气、勇士。《论语·子罕》："知者不惑，仁者不忧，勇者不惧。"见义勇为者是受人崇敬的。孔子认为"勇"必须符合"仁、义、礼、智"，才能成其为勇，鲁莽之勇不是真正的勇。

中国人民从来不缺乏为正义而牺牲的大无畏精神和与敌人血拼到底的战斗意志。在抗美援朝的战斗中，中国人民志愿军的补给系统与美国存在巨大差距，志愿军在野战中根本得不到空投食品、弹药的支援。美国史密斯将军说道，如果一个中国士兵耗尽了他携带的物品，不管是打光了子弹还是吃光了食物，就不得不撤出战斗；如果中国人拥有足够的后勤支援和通信设备，那么美国陆战队不可能逃离长津水库。在长津湖战役最激烈的一场战斗中，美国陆战队史学家蒙特罗斯写道，我从未见过像中国志愿军这样的部队，如此勇猛而又顽强。美国的坦克、大炮、火箭筒不停开火，中国志愿军仍然不断涌上来，他们身穿单薄的棉军装，冲进手榴弹投掷的距离内，以血肉之躯抵挡最残酷的炮火。

勇，即勇敢、坚强、刚毅。中华传统文化对"勇"赋予了丰富内涵。面对新时代的各种挑战，勇就是敢于拼搏，敢于创新，敢于牺牲自我，敢于承担责任。这种自强不息、雄魂宏魄的刚健精神，是中华民族愈挫愈勇、战无不胜的不竭动力。

还应指出的是，青少年要具有虎虎生威的阳刚之气。男性在风度、气概、体魄等方面表现出来的刚强之气是一种美，体现了一个国家勃勃生机的气象。社会和学校都应注重培养学生独立、开朗、自信、有担当的精神，引导他们追求强健体魄、阳光性格。在未来的国家建设中，他们能够勇于探索，勇于开拓，勇于牺牲。没有勇敢的品质就会淹没自己的才华，就不会成为国家栋梁之材。

儒家思想是中国传统文化的精髓。弘扬国学，弘扬中华民族传统文化，是每一个中华儿女的历史使命。2020年11月28日，第四届全球华人国学大典颁奖典礼在北京举行，学术大家、文化名流及政经、传媒等领域人士共聚一堂，与全球华人共同见证这一盛举。本届国学大典主题为“致敬国学，继承创新，文明互鉴，重建斯文”。致敬国学不仅是对本国优秀传统文化的尊重与礼敬，也是我们文化主体性的一种自觉表达；继承创新是当今有自觉意识与文化担当的知识分子面对传统时所应有的理性；文明互鉴是我们身处全球化时代及全球化出现深刻震荡之际所应持有的态度；保持斯文则是千百年来中华大地上所有良知之士前赴后继的价值理想。中华文化当中所蕴含的处世智慧、自强精神和包容品格，对于今天的世界尤其具有现代意义。我们希望在对话交流的基础上，用中华文化助力人类社会的发展，在文明交流互鉴当中夯实人类命运共同体的人文基础。

第三节 西方文化核心概念的实质

西方文化推崇的是：wisdom（智慧）、courage（勇敢）、temperance（节制）、justice（正义）、faith（信仰）、hope（希望）、fortitude（刚毅）、liberality（慷慨）、truthfulness（诚实）、charity（慈善）。而“智慧”“勇敢”“节制”“正义”被视为“四大美德”或“四大德行”（Four Cardinal Virtues）。

智慧和勇敢被西方人看作最重要的品德，因而放在十种品格前面。而中国文化中最重要的品德是仁和义，仁爱、仁慈、正义、公正，无疑更符合全人类的道德理想和品格追求。

智慧在社会发展和文明进步过程中起着举足轻重的作用。但是，智慧是有条件限制的，只有在善良意志统率下的智慧才是值得肯定的。尽管基督教曾经把“仁”放在重要位置上，但是它从文艺复兴以来可以说被颠覆了。辜正坤指出：“在近代社会，仁从来就不是西方社会的主流价值。”①

西方人为什么如此崇尚勇敢呢？这种品格的形成源于远古时期人们的生存方式，是残酷无情的大自然锻就了他们勇敢的属性。

大部分西方人生活在北欧、西欧这些相对寒冷的地区，冬季冰天雪地。在远古时期，到了冬天要想活下去，必须练就寻找资源的本领，可是资源又匮乏，所以必须去打猎，打猎需要勇敢强悍，人也就变得越来越健壮，逐步形成了好勇好斗的民族性格。相对来讲，亚裔人的食物是相对平衡的，有肉类、蔬菜；而西方人吃的更多是单一的肉类，也就是说要先杀掉动物，才能得以生存。所以说，勇敢的性格是西方人生存的必需，久而久之，西方的文化演变为以征服为主导的、以掠夺资源为主导的文化，直到今天依然如此。文明发展了，但是根深蒂固的资源掠夺性理念没有改变。

在儒家学说里，勇敢是中国人十种品格之一。但从排序上可以看出，勇敢不是儒家最倡导的东西。在道家学说里，清静无为是最受推崇的，而勇敢这种品格甚至受到排斥。老子认为，“勇于敢则杀”，指的是好勇尚武常常引起冲突，其结果是令人失望的。当然，中国传统价值观并非排斥勇敢。“只有出于正义的勇敢才是得到肯定的，毫无意义和价值的匹夫之勇是受到谴责的。要注意儒家把勇敢放在十种品格的最后，而不像西方人那样将其放在十种品格的前面。”②

西方人尚武好斗，推崇勇敢。西方人骂人，常用“懦夫”这个字眼，他们觉得只要把你说成是胆小鬼，你就一钱不值了。而中国人最注重仁，中国人骂人，骂你不仁不义、六亲不认、禽兽不如，就觉得已经把你骂得极惨了。但西方人听了，并不觉得自己被比作禽兽是无法忍受

① 辜正坤：《中西文化比较导论》，北京大学出版社，2007年，第156页。

② 同上，第159页。

的事情。

接着谈西方人“四大美德”中的节制和正义。其实，他们口口声声谈节制和正义，干的却是另一套。“建立殖民体系、争夺势力范围、对外武力扩张，是近代历史上一些大国崛起的老路。特别是在20世纪，追逐霸权、实力对抗、兵戎相见，使人类惨遭两次世界大战的浩劫。”①

全世界善良的人们常常困惑的是，西方为何总想掠夺世界？西方从近代开始，就是以抢掠世界为目的而开辟新航路；新航路打通后，在世界各地抢劫文物、资源、石油、劳力、黄金等。据统计，全世界被西方抢走的财富多达几百万亿美元。进入21世纪，西方为了维持全球霸权体系，仍然在发动战争，到处干涉他国内政。西方文化本质上就是海盗文化。

美国及其西方盟友在当今世界的种种作为，表明美西方从未真正思考过人类的命运和未来，而是对他国肆意掠夺以满足自己的私利。美国匹兹堡大学客座法学教授丹尼尔·科瓦利克在题为《殖民主义2.0》的文章中指出：“美国、英国等西方国家历来擅长掠夺，时至今日依然如此。当今时代，美国等国打着制裁、地缘政治利益、基于规则的秩序等旗号来干殖民掠夺的老本行，只是形式上略微隐蔽。眼下，这种例子可谓比比皆是，令各地人道主义危机雪上加霜。无论打着何种旗号，美西方强取豪夺本性难移，而美国总能逍遥法外，也意味着美国口中的民主、自由、人权不过是为自己服务、满足自身利益的工具和幌子而已。”②

实事求是地讲，西方十种品格中的慈善在西方大部分民众和部分富豪中还是言行一致的，这一点是值得认可和称赞的。在美国，有的富豪说道：带着巨额财富离世是可悲的，也是罪恶的。

---

① 国务院新闻办公室：《中国的和平发展》白皮书，2011年9月。

② ［美］丹尼尔·科瓦利克：《殖民主义2.0：美国和英国是如何对弱小国家进行掠夺的》，今日俄罗斯，2022年8月20日。

身在美国的华人经常会看到这种现象：你个人破产了，没有家庭支持你，连你的父母都不会管你，你的父母会说自己没办法，无能为力。所以现在西方人也在反思，说东方的家庭文化是不是应对西方社会有所启示，中国社会最起码有一个最基础的社会保障来自家庭、家族、同村、同社区。

美国著名投资家查理·芒格（Charlie T. Munger）90岁时去一所大学发表演讲，他说："我这一辈子都在学习孔子，我在西方践行了孔子的言论，第一条就是孝。西方人太不重视孝这件事，西方人以独立为名，忽略了孝。父母年迈以后，子女离得很远，基本上也没法管，子女破产了，老人也没法管。但是中国有一个庞大的家庭体系支撑，我觉得这可能也是我们需要有的家庭文化。还有，我们需要这种阴阳的哲学，危机之中互相扶助，你中有我，我中有你。你看那个太极当中，黑里有白，白里有黑。"

第四节 知行合一视角下的中西文化核心概念

中国文化的核心概念和西方文化的核心概念都符合人类道德和文明进步规律，可为什么进入21世纪以来，世界人民对中国文化越来越推崇，而对西方文化越来越失望呢？原因在于对"知行合一"这一哲学命题的理解与实践。

知行合一是王阳明心学的重要思想。王阳明被誉为"千古圣人"，他集思想家、文学家、军事家、教育家等诸多光环于一身，其知行合一的心学思想，对后世产生了深远的影响。王阳明认为，知是行之始，行是知之成，知和行本是一体，两者不能分为两截；道德意识离不开道德行为，道德行为也离不开道德意识，二者互为表里，不可分离。

中国人推崇自己文化的"十大美德"，并努力践行，较好地做到了知行合一，获得了世界人民的称赞。西方人当然也推崇自己文化的“十大美德”，但没有很好地去践行，知行不一，甚至是表里不一，因此难以获得世界人民的认可和尊重。

从历史成因的角度，我们可以做一比较。500年前，王阳明提出了知行合一的哲学理论，中国人在言行举止中自觉贯彻这一思想，追求世界大同，从不搞侵略扩张。而西方在这500年中相继出现了9个世界性大国，它们是葡萄牙、西班牙、荷兰、英国、法国、德国、日本、俄罗斯和美国。毫无疑问，西方人违背了自己推崇的“十大美德”，到处侵略、扩张、掠夺，靠战争积累了大量财富。历史上的大国兴衰更替给人类留下了深刻的经验教训，昭示着昨天，启迪着今天，影响着未来。文化的力量是人类文明的根本力量，所以文化才是核心。西方近代崛起跟西方文化密切相关，相比封建文化是有先进性的，但是西方文化从一开始就注定了式微的结局。

有学者称西方文化是虚伪的文化，其特点是“双标”，这种观点是值得重视的。西方一直在宣扬自己的文化，甚至对外宣称自己的所作所为是为了将民主、自由、人权的思想传播到全世界，是为了造福全人类。首先来看民主，西方的民主表面上看似是每个人应有的权利。但实际上，民主最终流于形式，决定因素还是金钱，被世人嘲讽为“金元民主”。西方国家，尤其是美国，在世界范围内强行推动民主，背后除了掠夺，带来的只有混乱，很多国家就毁灭在西方的民主之下，伊拉克、利比亚、叙利亚等国家的人民饱受动乱之苦。长期以来，西方民主带来的是贫困、分裂和仇恨，很多国家越来越乱，世界越来越乱。其次来看自由，西方所谓的自由，其实背后是极度的自私自利，是西方对丛林法则和弱肉强食的美化。西方的自由是强者的自由，西方的自由是西方可以为所欲为的自由；但是其他国家这么做，那就是不自由，那就是干涉人权，可见其虚伪到极点。就其新闻自由而言，口口声声言论自由，实则严厉钳制舆论，以非黑即白的思维方式主导世界话语权，操控世界舆论；只许州官放火，不许百姓点灯，对自己不利的言论肆意封杀，这是何等的虚伪。

西方的人权更是双重标准，一边到处宣扬保障人权，一边制造人权灾难。2021年3月24日，国务院新闻办公室发布《2020年美国侵犯人权报告》，这一重大新闻立刻引起全球关注，世人可通过报告看清美国人权的真面目。报告分为六部分：一、疫情严重失控酿成人间悲剧；二、美式民主失序引发政治乱象；三、种族歧视恶化少数族裔处境；四、社会持续动荡威胁公众安全；五、贫富日益分化加剧社会不公；六、践踏国际规则造成人道灾难。

报告指出："一向自认例外和优越的美国，不仅自身疫情失控，而且与之相伴的还有政治失序、种族冲突、社会撕裂，留下了'山巅之城''民主灯塔'侵犯人权的新纪录。""面对如此糟糕的严重人权问题，美国政府不仅缺乏应有的反思，还对世界上其他国家的人权状况说三道四，充分暴露了其在人权问题上的双重标准及虚伪性。当今时代，人类社会发展正处于一个新的十字路口，面临新的严峻挑战。希望美方能够怀谦卑之心、悯国人疾苦，放下虚伪、霸道、大棒和双重标准，与国际社会相向而行，共同构建人类命运共同体。"

可以说，知行合一的哲学思想是中华民族为人类文明发展作出的贡献，这一智慧在今天更具价值，更具有不可或缺的现实意义和深远影响。一个人说话要言行一致，行为要表里如一，做人要知行合一；一个国家同样如此，否则就会被世人唾弃，被国际社会抛弃。

第五节 文明互鉴：各美其美，美美与共

当今世界，不同文明之间的关系该如何看待和处理？不同文明之间的和谐相处在充满竞争的时代该如何实现？这是全人类所面临的一个

不可回避的重要课题。近两三百年来，西方话语权依托其强大的科技、军事、金融实力，塑造了西方至上主义的文明观，向全球强行推广西方所谓的“普世价值”，贬损其他国家的政治制度和文明，导致了不同文明之间的摩擦和对抗。习近平总书记在谈到如何看待世界文明时强调：“要理性处理本国文明与其他文明的差异，认识到每一个国家和民族的文明都是独特的，坚持求同存异、取长补短，不攻击、不贬损其他文明。”

2019年5月，“亚洲文明对话大会”在北京召开，会议强调：“人类只有一个地球，却有着多样的文明。世界各个国家和地区的不同民族在千百年来的历史长河中创造了五彩缤纷的文明，共同推动了整个人类社会的繁荣和进步。世界因多彩文明而生机勃勃，文明因交流互鉴而美美与共。”“美美与共”是中国著名社会学家费孝通先生在1990年提出来的，完整的表述为：“各美其美，美人之美，美美与共，天下大同。”被国内外学者誉为“认识和处理不同文明之间关系的十六字箴言”。这十六个字蕴含的是中国人一以贯之的整体思维方式，既坚持本民族文明，也欣赏其他民族的文明，在相互欣赏的过程中促进不同文明之间的和谐与交流，达到“和而不同”的“天下大同”。

中国特色社会主义进入新时代，中国与世界各国之间的文化交流，比任何一个历史时期都更为丰富和深入。讲好中国故事，对于推动各国互联互通、互信互助有着积极的作用。随着“一带一路”倡议的不断推进，越来越多的国家愿意参与到“一带一路”的建设当中，并成为建设的主体。世界民族发展史有力证明，只要各民族间相互尊重，相互理解，秉持和而不同的精神，就能为人类文明进步带来重要的推动力；反之，就会给人类文明进步带来严重的破坏力。而中国文化的包容性给全世界做出了榜样，习近平总书记提出的人类命运共同体将是各个国家、各个民族所矢志追求的人类价值。

“构建人类命运共同体”包含了情义、关怀、责任、共同理想等人文主义元素，是一个温暖的、充满善意，阳光一般明媚的思想。习近平总书记2013年3月23日在莫斯科国际关系学院发表的题为《顺应时代前进潮流，促进世界和平发展》的重要演讲中，首次提出人类命运共同体的理念。在演讲中，习近平总书记向世界提出重大倡议，呼吁国际社会树立人类命运共同体意识。当今世界正经历百年未有之大变局，经济全球化加速，政治多极化格局日益明显，西方国家内部问题丛生，既承受着社会分裂、族群对立的撕扯，又经历着经济衰退、发展失衡的苦楚；既要化解战乱之争、民族纠葛、宗教冲突等传统风险，也要应对气候变化、恐怖主义等非传统安全威胁。世界向何处发展？路在何方？习近平总书记呼吁各国携手努力，共建美好未来，并建立平等相待、相互协商、相互理解的伙伴关系。

2015年9月28日，习近平总书记在第七十届联合国大会一般性辩论上讲话，提出携手构建合作共赢的新型伙伴关系，同心打造人类命运共同体，进一步发展人类命运共同体思想。2017年1月17日，习近平总书记在世界经济论坛2017年年会开幕式上发表题为《共担时代责任，共促全球发展》的主旨演讲。面对“世界怎么了？我们怎么办？”的问题，习近平向世界发出中国声音，提出中国方案，系统阐释构建人类命运共同体的理论内涵和目标路径，倡导建设持久和平、普遍安全、共同繁荣、开放包容的世界。随后，构建人类命运共同体理念被正式写入联合国决议。构建人类命运共同体是习近平外交思想的核心理念，这一理念为人类社会实现共同发展、持续繁荣、长治久安绘制了蓝图，反映了中外优秀文化和全人类共同价值追求，顺应了人类社会发展进步的时代潮流，成为新时代中国外交的一面鲜明旗帜。只要我们牢固树立人类命运共同体意识，携手努力，共同担当，同舟共济，共渡难关，就一定能够让世界更美好，让人民更幸福。

第六章 中西价值观之比较

第一节 何谓价值观？

在生活和工作中，我们常常问别人，别人也常常这样问我们："你这样做有意义吗？""你这样做值得吗？""你让别人怎么看你？""你不觉得有愧吗？"这些问题都蕴含了一个非常明确的概念：价值观。

简要地讲，价值观表达的是人的价值取向，它决定的是人的行为方式。文化学者贾玉新教授认为："每一种文化都有其独特的一套系统。它告诉人们什么行为是社会所期望的，什么行为是社会所唾弃的；应该爱什么，恨什么；什么是美的，是好的；什么是丑的，是坏的；什么是正常的，什么是荒谬的；什么是正义的，什么是非正义的。学者们把这套系统称为价值体系，或价值观念。"①

北京大学关世杰教授指出："不同的世界观、人生观使人们对人类生存的价值和意义看法不同，形成了衡量'真、善、美'的不同的价值标准，它成为人们在作出选择和解决争端时作为依据的一套社会准则。"②

人每一天都在做着选择，而价值观决定着人们的选择。你选择什么样的态度，选择什么样的情感，选择实施什么样的行为，无一不是通过价值观去选择、筛选、判断的。价值观也是人生观的重要基石。

---

① 贾玉新：《跨文化交际学》，上海外语教育出版社，1997年，第38页。

② 关世杰：《跨文化交流学》，北京大学出版社，1995年，第154页。

第二节 价值观的形成和影响效应

一、个人的价值观念是后天形成的

幼儿的行为是一种本能的行为，是与生俱来的，一个只有生物属性的幼儿是没有价值判断的。他一旦到了读书识字的年龄，就成了一个社会属性的人，由此开始了社会化，对身边的人和事开始有了价值判断。所以说，价值观念是后天逐步形成的。从小到大，人们通过家庭、学校的培育和社会环境的影响逐步确立自己的价值观，自己的价值观同时也对他人、群体和社会产生影响，或是积极的，或是消极的，或是正面的，或是负面的。个人的价值观一旦确立，便形成习惯性，具有相对稳定的特征，除非遇到重大事件，一般是不易改变的。我们看到，随着社会的发展和变化，不少人的价值观念也是在不断变化着的。

大学生求学的过程也是价值观形成的过程。在大学里，一旦基本确立了自己的价值观，那对自己的一生将产生十分重要的影响。所以要珍惜大学时光，多读书，多思考，多观察，要有自己独立的判断。

二、一个民族的价值观是由人们所处的环境决定的

从个人角度来讲，个人价值观的形成受到个人所处的社会环境和自然环境的影响，价值观各有所异。而从一个群体或一个民族的角度来讲，人们处于相同的自然环境和社会环境，价值观趋同，中国有中国人的核心价值观，美国有美国人的核心价值观。每个国家、每个民族都有共同认可的价值取向。价值观的形成主要有两大原因：历史发展（development of history）和思维方式（way of thinking / pattern of thinking）。受这两种因素的影响，一个民族的基本价值观一旦形成，就会牢牢扎根于人们的心中，支配人的行为。

三、价值观的影响效应

对于同一个理念或事物，人们的价值观不同，就会产生不同的看法，实施不同的行为。在同一个群体中，有人看重工作业绩，有人在乎工作待遇，也有人追求地位权力，不同的价值观就有着不同的价值取向。在国际上，对于同一个概念和事件，由于各国家、各民族的价值观不同，就会产生不同的观点和行为，甚至是截然相反的观点和行为，比如如何对待民主、自由、人权的问题。

作家莫言有一段人生感言："有一天'我'字把上面这一撇给弄丢了，成了'找'字。为找回那一撇，'我'问了很多人，那一撇是什么？商人说是金钱，政客说是权力，明星说是名气，军人说是荣誉，工人说是工资，学生说是分数……最后'生活'告诉'我'那一撇是：健康和快乐。没有它们，什么都是浮云！"

第三节 价值观与世界观、人生观的联系与区别

世界观、人生观和价值观，即人们所说的"三观"。这三者是紧密相连、不可分割的。简而言之，世界观就是这个世界理应是什么样子的，人生观就是这辈子应该怎么活，价值观就是这辈子对你最珍贵的是什么。世界观决定人生观，世界观和人生观决定了价值观。

世界观，又称宇宙观，顾名思义就是观世界，观宇宙。你对这个世界的整体看法和根本观点就是你的世界观。比如，有的人觉得世界是阳光美好的，有的人觉得世界是杂乱不堪的；有的人认为人类是世界的主宰，那么他们就会随意杀戮其他生灵，肆意破坏地球环境，而有的人认为人类很渺小，在浩瀚的宇宙中，人类不过是沧海一粟，他们会对大自然抱有敬畏之心，秉承天人合一、人与大自然和睦相处的理念。不同的

人成长的环境不同，所处的地位不同，看问题的角度不同，就会形成不同的世界观。比如，美国是靠发战争财起家的，因此直到今天，美国的政客们还是喜欢挑拨事端，制造混乱，发动战争，以此来抢夺其他国家的资源，对人类赖以生存的地球家园造成了巨大的伤害。

人生观是指我们对人生的看法，也就是我们对生存的目的、价值和意义的看法。人生观是在我们实际的生活当中逐步产生和发展的，不同社会和阶级的人们有着不同的人生观。人生态度就是你的人生观，就是你认为人活着的意义何在，你这一生想要做些什么，你想要成为一个什么样的人。比如说，有的人想要成为科学家，有的人想要成为企业家，有的人想要成为艺术家，有的人想要成为网红明星，等等。有的人认为人生快乐满足，有的人则认为人生痛苦难熬；有的人积极进取、奋力拼搏，有的人则消极处世、颓废落寞；有的人节制欲望、洁身自好，有的人则放纵欲望、及时行乐。究竟怎样度过自己的人生，这就看一个人的价值判断了。我们如果想要在自己的人生旅途当中创造一番事业，成为一个活得有意义、有价值的人，就一定要努力学习，培养正确的世界观、人生观，更好地认清世界大势，把握人生命脉，确立高尚进步的价值追求，这样才会实现一个完美的人生。

价值观是指我们在认识各种事物的基础上，形成对事物价值的看法和观点。一方面表现为价值取向、价值追求；另一方面表现为价值尺度和准则，成为我们判断事物有无价值或价值大小的标准。比如说健康、财富、权力、亲情、友情、爱情这些价值，你对它们的看法及排列顺序如何？有的人把财富排在第一位，有的人把亲情排在第一位，有的人把权力排在第一位，有的人把健康排在第一位。

不同的价值观，面对事物会有不同的态度和反应。相似的价值观容易达成一致，也就是常说的同频，反之则很难进行有效沟通。人们会无形中对金钱、权利、享乐、幸福、成就等进行主次划分，并做出轻重和好坏排序，最终构成自身的价值观体系。世界观和人生观决定了价值观，而价值观又决定了我们日常的行为准则。无论是否意识到，我们都已经在成长中形成了自己的价值观：真与假、善与恶、美与丑、乐与苦、是与非的取向和选择。

第四节　中西价值观的思想基础

价值观是文化最深层的内核。根据关世杰的观点，“个人主义—集体主义方面的差别是理解中西文化价值观念差异的关键之一”①。

一、集体主义与个人主义

文化的形成取决于其社会土壤与国民性，有什么样的社会土壤与国民性就会产生什么样的历史和思想。

（一）集体主义的内涵及形成机制

集体主义（collectivism）作为中国人价值观的思想基础，深深地根植于中国传统文化之中。集体主义认为个体是属于集体的一员，只有存在于群体中才能实现自己的价值，所以个体要服从群体的整体利益，群体要服从国家的根本利益。这种价值观以东亚国家为代表，存在于中国、日本、朝鲜、韩国等国家。重视集体主义的东方推崇成员之间的和谐，他们认为做事要以大局为重，关键时候要牺牲个人以成就集体。有了集体意识，就能处理好家庭之间的、组织之间的、社会之间的、地方和中央之间的关系。

中国人具有天然的集体观念。在村落里，我们生活在依靠血缘关系组织起来的家族里，由此向外延伸到故乡概念，又把我们引导入一个更大范围的集体概念中，以至家国情怀的一体化，组成更大的共同体，把

① 关世杰：《跨文化交流学》，北京大学出版社，1995年，第168页。

我们放在了中华民族这样的一个集体概念中。

中国农耕文化决定了人们的生存空间和方式。一旦夏季遭遇洪涝，春秋季遭遇干旱，就必须全村组织起来，或者还要几个村联合起来进行抗涝或抗旱，全部劳力出动，肩挑背驮，日夜兼程，抵抗灾害。到了冬季农闲时节，又需要组织起来进行灌溉工程的治理，疏浚沟渠，修建水闸。农耕社会就是这样，老百姓必须组织起来，才能确保农业收成，才能为生存繁衍奠定基础。

我们提倡集体主义，集体主义优先于个人主义，只有这样才能在所有的大灾大难面前取得决定性胜利，只有这样国家才能够集中力量办大事，在经济建设领域才能够实现大工业、大协作的跨越式发展模式。从生物学角度来讲，集体主义又是包括人类在内的自然界所有生物最安全的生存法则。

集体主义是社会主义的核心思想，它强调集体领导、集体决策、集体行动和集体利益，维护政治、经济、文化和社会生活中的同质性。在我国历史上，集体主义在不同时期都发挥了重大作用。当然在一些特殊时期，比如“文革”时期，集体主义也产生过严重的负面后果。

经过40多年的改革开放，传统文化和集体主义不断受到西方文化的冲击。目前，个人主义和集体主义在我国社会生活中相互交织，相互影响。虽然政治思想上还是集体主义，但个人主义在经济、文化、社会心理和生活方式等方面不同程度地体现出来。国家政策和社会道德对人们在价值和行为方面的选择也越来越宽容，个人权益和个体差异逐渐受到尊重，个人发展奋斗的机会逐渐增多。建构我国当前的社会工作价值体系，应注重个人主义和集体主义的平衡和有机结合。

（二）个人主义的内涵及形成机制

个人主义（individualism）作为西方人价值观的思想基础，贯穿于西方价值观念体系的各个方面，体现了西方价值观的根本性质。个人主义是指崇尚个人的尊严、价值、自由、独立并坚持个人奋斗的一种哲学思想和生活方式，它不排斥团队合作，也并不意味着自私自利。目前在世界范围内，美国的社会工作最具有个人主义特征。在中国传统文化中，道家较为强调个人的价值和尊严，而儒家则强调个人对家庭、权威和制度的依赖和服从。

个人主义认为个体是组成群体的基础，所以个人也应当先于集体和国家。西方文化崇尚个人主义，他们强调个人权利与自由，主张个人选择、自我实现及个性解放，并极大关注自尊，维护个人隐私，社会关系网相对松散。个人主义在有些行为上可能导致自私自利的结果，但把个人主义理解为自私自利是片面的。

西方个人主义发端于古希腊，但并不像中国农耕社会对集体主义的形成起着决定性的作用。古希腊的地理条件与中国不同，古希腊城邦是松散的氏族联盟，地理的优势使先民可以不依赖大集体而生存，这也是对生存条件的适应。

从西方思想史看，个人主义是公元前600年，也就是2600年前古希腊的智者们讨论过的一种社会制度，它与社会主义的社会观是截然不同的。个人主义的社会观是什么？个人主义者认为，一个更好的社会必须保障每个人的自由和权利，由此建立的社会结构就是最好的社会结构。而社会主义者认为，为了建立最好的社会，每个人都必须牺牲自己的部分权益，以便首先建立一个能够维持大多数人生存的良好的社会结构，从而确保每个人的生存。如果按照这个古希腊最初的概念来衡量，中国早在3000年前就已经是一个社会主义社会了。

斯多亚学派（公元前300年在雅典建立的学派）很早就提出了人人平等的观念。斯多亚学派认为，对人类社会而言，人是神圣的。这种把个人推崇到神圣的地步，无疑是个人主义崛起的重要源头。个人主义思潮的兴起缘于文艺复兴的直接作用。我们知道，文艺复兴的核心是人权向神权发起挑战。在中世纪的神学时代，人是神的客体，人怎么想不重要，神怎么想才重要。而在文艺复兴之后，人就从客体变为了主体，世界万物（甚至神）都成了客体。文艺复兴催生了人的觉醒，并挖掘自我的内心世界，使人类的内在力量得以慢慢地释放。还有一个重要的推动力，那就是马丁路德的宗教改革，为人们重塑了一种观念，让人对自我和世界都有了一种全新的思考，这对个人主义的发展起到了决定性的作用。

个人主义在西方社会盛行，主导着西方人的价值观、人生观和世界观。跨文化交际学者拉里·萨莫瓦尔指出："在西方文化中，个人是至高无上的，个人主义是首要的和肯定的价值观。这种价值观在美国可能是主导一切的。美国人有生以来就受着全力竞争、努力争先的教育，取得成就可能要以牺牲别人，甚至是家人和朋友为代价。美国人有以社会为代价而挣钱致富的权利，剥削致富被视为精明能干，甚至还会受到钦佩和尊重。在非西方文化中，社会是至高至尊的，剥削他人以致富被看作对社会的危害。"[①]

这种根深蒂固的个人主义思想也反映在语言中，在英语所有人称代词中，唯有"I"（我）无论在什么情况下都一律要大写，这在很大程度上反映出"我"在英美文化中独一无二的地位。还有一些词语，比如self-esteem（自尊）、self-admiration（自我赞赏）、self-advancement（自我发展）、self-image（自我形象）、self-interest（自我利益）、self-dependence（自立）、self-awareness（自我意识）等，这也反映出"个人"在西方社会生活中所占的位置是何等重要。

"荷兰心理学家霍夫斯泰德曾就44个国家和地区的个人主义取向程度做过调查和比较，数据表明，美国社会中的个人主义取向排第一位，澳大利亚、英国、加拿大、荷兰分别排第2、3、4、5位；而中国香港地区、新加坡、中国台湾地区分别排第32、34、36位。"[②]可见，中西方

① ［美］拉里·萨姆瓦、理查德·波特、雷米·简恩：《跨文化传通》，陈南、龚光明译，生活·读书·新知三联书店，1988年，第224页。

② Geert Hofstede, *Culture 's Consequences* (SAGE Publications, 2003), p.74.

在个人主义取向方面的差异很大。

（三）集体主义社会与个人主义社会的终极价值

对中西文化中的集体主义与个人主义的比较，还可以从各自的终极价值来入手。中华文化的终极价值是追求社会整体的和谐，个体的人生价值只有在促进社会整体和谐的过程中才能实现。西方文化的终极价值则是追求个人的自由，个人的人生价值就是实现最大限度地满足唯我的本能。终极价值是相应的文化引导其社会个体言行的方向，也最终决定了其塑造的社会个体的状态。

从人与人的关系上看，整体和谐的价值观可以促进社会个体完善自己的人性，实现道德自律，进而保持与他人之间良好的互动与协作关系，实现共同的幸福；而个人自由的价值观塑造的则是唯我的本能放纵，为了满足不断放纵的欲望，就会采用各种手段占有社会资源，丛林法则导致弱肉强食、贫富悬殊。从国家与国家的关系来看，信奉儒家文化的国家在和谐价值观的指引下，始终与他国保持互帮互助、合作共赢的关系，力图构建人类命运共同体；而信奉自由主义意识形态的国家，则与他国保持着对抗的状态，力图掠夺和控制其他国家的自然资源和财富，使其为本国服务。从人与自然的关系来看，中华文化在和谐价值观的引导下，保持人与万物的和谐共处，生成的是可持续发展的生态文明；而西方文化则在自由价值观的引导下，不断地破坏宇宙万物的自然秩序，占有和消费自然资源，为了发展而破坏生态环境。

通过两种文化的比较，我们就能看到，中国在近代不仅是因为落后而被动挨打，而且是因为西方文化及其工业文明具有强大的破坏力和侵略性。科学技术在促进西方社会乃至整个人类社会经济发展的同时，也带来了破坏自然的蛮力，它虽然能在一定时期内不断地增强满足人类欲望的能力，但这是以牺牲人类的可持续发展为代价的。我们要想最大限度地、长久地享受幸福，就要传承弘扬中华优秀传统文化，树立文化自信。

二、集体主义与个人主义的表现形式

（一）注重互助和依靠；注重自立和独立

中华文化绵延五千年而不衰，其重要原因之一是中华儿女团结互爱、关心他人、乐于奉献所形成的巨大凝聚力。西方文化书写了一部追求个性解放、倡导自我意识、体现个人意志、实现个人价值的波澜壮阔的发展史。

在中国，扶老携幼、帮助残疾人是美德。美国的老弱病残者只要自己能活动，哪怕是拄上双拐，也不愿让他人帮助，不轻易麻烦别人，有一种不服老的自尊心；除非你的主动帮忙征得同意，否则会被认为是对他们独立精神的蔑视。

美国的父母在孩子会走路后，极少抱着孩子，孩子不小心摔了跤，只要未摔伤，他们很少像中国父母那样立马上前把孩子扶起来。

中国人常常用“老”来称呼长者，比如，“老师傅”“老爷子”“老太太”“张老”“李老”等，表示对听者的礼貌和尊重。但在西方社会里，“老”字意味着衰老残年，给人不中用之感，尤其是对女性来说，“老”还意味着“魅力丧失”“风韵不存”，更是一件痛苦的事情。“老”字在英语文化中是个忌讳用语。

在中国，看望病人说“多喝开水”“多穿些衣服”，不要这样或那样，病人认为这是对自己关心的表现。然而，病人若是西方人，他可能会感到这种话带有上司对下属的口气，是对自身能力的一种否认，是对独立人格的不尊重。

中国人宴会时会不停地给客人夹菜，三番五次地劝酒，以显示热情好客。西方人不会这样做，在他们看来这样就妨碍了他们的自由权利，没有尊重他们的意愿。几个朋友一起外出吃饭，中国人争抢着去付款，而西方人习惯各付各的钱。

（二）重视集体的作用；重视突出个人

中国人重视集体的作用，看轻个人的作用，认为谦虚是一种美德，自炫其能不足取。当某人因工作受到称赞时，常使用“否认”或“自贬”的方式来应答，例如：“我的工作仍有许多需要改进的地方。”“本人工作能力还不够，请大家多多指教。”以此展示其谦虚的处世态度。中国人努力使自己淹没在集体之中，而美国人总是竭力将自己从集体中突出出来。

（三）在乎“面子”；不留“面子”

中国人在做事情时，首先考虑周围人怎么看，怎么说，也就是说，中国人重面子，做了不合身份的事情就感觉丢脸。这使中国人养成了言行上不愿得罪人，万事以和为贵的社会心理。西方人坦率，直来直去，感情外露，不讲面子，很少考虑周围人怎么看，怎么说。

中国人认为集体荣誉可以体现尊严和成就。“据喻国明等学者全国性调查，有61.3%的被访者表示‘我们对集体荣誉看得很重’，集体对中国人的凝聚力指数为55.83（按百分制计算）。”[①]西方人认为这一群体取向是中国人典型的面子文化。

2008年北京奥运会是人类历史上盛大、恢宏的一次盛典。百国齐聚，共襄盛举。鸟巢、水立方的华美，开幕式的壮阔，赛场上中国队的奖牌总数……中国人的梦想实现了。张艺谋如是说：“10万志愿者的无私贡献令世人叹服。为了一个强国的梦想，我们可以倾举国之力，即使牺牲个人的实际利益也毫无怨言。”

西方人看待这次奥运会的心态却复杂得多，从称羡到嫉妒，到鸡蛋里挑骨头，再到为自己的失败找借口，各自“心怀鬼胎”。西方媒体称

① 钱凤莲、李伯军：《论中美价值观差异——以大学英语课文“Mr. Doherty Builds His Dream Life”为视角》，《当代教育理论与实践》2011年第2期，第153-154页。

个人利益和群体利益让位于国家利益是中国的文化特征；在解说奥运会开幕式时，也说爱面子是中国的文化。不知这是酸溜溜的，还是来自真正价值观的差异。

（四）注重亲密无间；注重隐私

中西方文化的差异造成了中国人和西方人各自独特的隐私观念。以集体主义为主要价值取向的中国人个人隐私意识比较薄弱，在个人隐私维护方面没有太大的期望。相反，以个人主义为主要价值取向的西方人极其看重隐私，个人隐私、私人时间、私人空间、私人活动领域都是他们要极力保护的隐私；隐私观念是个人主义的直接产物。

几千年来，五分之四的中国人生活在乡村，一个家族往往几代人在村庄繁衍，大家非常熟悉，互相关心，互相扶持。人们见面交谈起来也是围绕家庭、薪水等私人问题。刚刚认识的朋友们在彼此交流时，常谈及彼此的年龄、收入、婚姻和家庭情况、健康状况、最近在做些什么等问题。而对于自我意识很强的西方人来说，这些都属于自己的隐私，是不能轻易问的。

西方人一般有很强的空间领域感和个人私密感，未经允许不得贸然进入。中国人由于历史的原因，一般具有共享地域空间的能力，因此很少意识到空间对西方人来说是一种不可随意侵犯的财产。

在英美家庭，“家”是高度私人化的领地，更享有法律保护。个人的卧室必须经过敲门获准，其他家人才可进入。另外，造访他人时必须提前约定，做客时不可在主人房内擅自走动，四处张望，或随意触摸屋内的摆设，否则便是对个人权利的侵犯。

中国人喜欢问：“你赚多少钱？”西方人则不然。西方社会是竞争激烈的社会，个人收入的高低反映了一个人能力的强弱，是个人很在意的一个问题。同时，西方社会又是一个贫富悬殊、嫌贫爱富的社会，西方人也是讲面子的。再者，西方社会犯罪率居高不下，入室抢劫屡见不鲜，个人为了自身及家庭财产的安全，对自己的财产和收入情况讳莫如深。

很多西方女性极其在意年龄，也极其在意体重。体重是个非常敏感的字眼，是需要刻意维护的隐私。她们为了达到骨感美，为了拥有苗条的身材，热衷于节食减肥。在西方流行文化、消费文化中，骨感美被推向了极致。当今，中国女性也不同程度地受到西方审美观的影响，以胖为美、以丰腴为美的传统观念受到了挑战。

下面重点阐释一下西方人隐私的悖论。

每个国家在发展过程中，都会出现悖论（paradox）。西方国家的悖论尤为突出，尤其是在隐私上，匪夷所思，可以说是非常荒诞的。“隐私”包括很多方面，其中最重要的应该是身体隐私，就是身体敏感部位的隐私，这是一个人最值得保护的隐私，否则就会使人极其尴尬，甚至尊严受到伤害。至于年龄隐私、体重隐私、婚姻某方面的隐私等都处于次要地位。为什么这样说呢？对于人与动物的根本区别，有的社会学家说：人会制造和使用工具，而动物不会；有的社会学家则说：根本区别是人知羞知臊，有羞耻感，而动物没有羞耻感。

在远古时代，人们穿衣是为了御寒；文明发展到一定程度后，穿衣是为了遮羞；再后来，穿衣被附加上了审美这个因素。而有些西方人动不动就在大庭广众之下赤身裸体，毫无羞涩感。一个女孩子的衣着可以非常袒露，甚至可以在你面前裸体，但是当你问她的年龄、体重时，就侵犯了她所谓的隐私，冒犯了她的尊严，使她非常生气。这种想法、这种做法、这种悖论，简直令人感到不可思议。

一个人是要有自尊、要脸面的。如果一个人连自己的身体，甚至连最隐私的部位都毫不羞耻地、毫不在乎地展现在大庭广众之下，那他的其他隐私还有存在的必要吗？还是神圣不可侵犯的吗？

现摘录傅浩于2000年6月7日发表在《中华读书报》的题为《西方无隐私》的一篇文章：

“现在西方社会似已无隐私可言，这对于西方人尊重个人隐私的标榜不啻是极大的讽刺。西方好多人晚上做爱大呼小叫，好像生怕左邻右舍听不见，大概也是因为没有什么秘密可保之故。更有甚者，他们不仅不保密，还偏爱抖露隐私，动辄把个人私事拿到电视台去曝光，简直没有什么不可以启齿和展示的。

“在西方发达国家生活一段时间，你的想象力肯定会大大衰退，因为你可以不费什么力气就猜想到一扇扇窗口后面发生着什么。说不定一有机会，他们就会自动展示给你看。还是马克思说得对，资本主义社会只有私有财产是神圣不可侵犯的，此外没有什么不可在公众面前曝光的。

“西方人标榜尊重个人隐私，实际上个人隐私在西方已几乎成了超级市场货架上的商品。如果西方人真的尊重隐私，戴安娜也不至于死于非命，克林顿也不至于焦头烂额了。”

（五）喜好共性；喜好个性

中国人提倡凡事以家庭、社会和国家利益为重，个人利益服从集体利益的需要，个人的言行应与集体保持一致，在和谐共处的氛围中生活、工作，因此，西方人认为中国文化是无我文化（I-less culture）。西方人反对集体的约束，喜欢独处，放任个性，天马行空，追求自由发展。在衣食住行上，更是以个人需要和喜好为前提，随意而为，无原则地彰显个性。在美国公众心目中，个人英雄主义始终是一个值得颂扬的主题，美国社会很少涌现，也很难产生集体主义和团队式的典型。

（六）偏好人际和谐；偏好个人竞争

中国人常把与世无争作为一种美德，讲宽容忍让以求集体成员之间的和谐；而西方人竞争心理根深蒂固。西方人看拳击时，对运动员被打得头破血流似乎毫无恻隐之心，反而拍手叫好。而拳击运动在中国就引进得较晚，开展得也慢。对《红楼梦》中的人物，中西方有着不同的审美观。王熙凤倔强好胜，喜欢钩心斗角，在很多中国人的眼里是个反面人物，却得到多数西方人的喜爱。

中国人注重人际和谐，爱好世界和平，主张建立一个和睦共存的国际大家庭，即人类命运共同体。美国人倾向于相信“弱肉强食”的丛林法则，极端推崇个人自由和个体利益，由于其整个民族的个人主义思想盛行，导致其政府在国际上称王称霸，从本国利益出发，干涉其他国家内政。“美国一贯奉行霸权主义、单边主义、干涉主义，频频动用武力导致大量平民伤亡，滥用单边制裁引发人道主义危机，以强权挑战公理，以私利践踏正义，肆意侵犯他国人权，已成为国际人权事业健康发展的最大阻碍者和破坏者。”①

（七）强调集体至上；强调个人至上

中国人从小就受到集体利益高于个人利益、人民的利益高于一切的思想教育。在紧要关头，人们为了“大家”而舍弃“小家”，为了集体利益而不惜牺牲个人利益，“先天下之忧而忧，后天下之乐而乐”。甚至在生死时刻，为了国家而不顾个人安危，可以牺牲自己的生命。

2009年10月24日，长江大学三名学生为救两名落水儿童而英勇献身的高尚情操感动了中国大学生，感动了中国百姓。2008年5月12日汶川大地震，我们看到了很多惊天动地的伟大行为和可歌可泣的英雄壮举，可也出现了“范跑跑”现象。中学教师范美忠的自私行为遭到了全社会的谴责和唾骂，可是西方媒体对此做了大相径庭的报道。

西方“个人利益至高无上”的观念，使英美人把“个人利益和私有财产不容侵犯”的合法性推向了极致。当个人利益与集体利益、国家利益发生矛盾时，个人主义强调自我的行为无疑会损害集体和国家利益，导致个体与社会和国家的尖锐对立。在疫情防控期间，仅仅一个戴口罩的问题就惹出了很大的麻烦。英美人认为既然不戴口罩不违法，那政府

① 国务院新闻办公室：《2021年美国侵犯人权报告》，2022年2月。

就不应该强迫人们戴口罩，戴与不戴是个人的自由和权利，政府无权干涉。这种自私行为对集体不负责，对别人不负责，对自己也不负责。这种人认为戴口罩严重伤害了他们的价值观。

三、集体主义与个人主义的利与弊

（一）集体主义的利弊

集体主义符合人类的整体利益和发展目标，其积极影响是巨大的，但也会产生消极影响。从积极的方面看，中国人谦虚、谨慎，相互依赖，相互合作，讲究利他主义、爱国主义；成功之时，把功劳归于集体和他人的帮助（当然，失败时也往往怨天尤人），集体荣誉感使人具有归属感和幸福感。

而另一方面，集体主义若得不到有效规范，就极易造成集体管理者的专制和独裁。

由于集体中的权力是集中的，集体主义更容易成为集体中掌权者侵犯个人甚至集体利益的一种“假公济私”的工具。事实上，几乎所有过分强调集体主义的“集体”都不同程度地在集体主义的旗帜下侵犯甚至剥夺个体的利益以图肥己。当人们在集体主义中丧失了自己的权利时，也就丧失了自我负责、自我激励的能力。此时，人们会以不被惩罚为原则，偷懒、懈怠，减少付出，对集体利益漠不关心。这种集体主义带来的并不是集体进步，而是体制的僵化与沦落，以致最后积重难返，走向崩解。

（二）个人主义的利弊

个人主义是西方社会的思想源泉和价值基础，它是在适应西方社会发展和工业化进程中形成的，这种价值取向有力促进了西方市场经济的发展和现代科技进步。它的积极作用是巨大的，但其负面效应也是巨大的。

个人主义具有与生俱来的弊端和内在矛盾，这些矛盾和弊端随着个人主义的发展而逐渐地显露出来，尤其是在道德上遭遇的困境。在个人至上信条引导下，个人主义为放任个性、为所欲为开了绿灯，给社会带来了种种问题：吸毒、抢劫、枪击案、婚外恋、一夜情、艾滋病、居高不下的离婚率、难以遏制的高犯罪率等。个人主义也是美国外交政策的价值取向，美国政府依赖强大的美元霸权、军事霸权和舆论主导力量到处耀武扬威，干涉霸凌，掠夺资源财富，无所不用其极。

从哲学角度讲，个人主义不是利己主义，但个人主义如果不能有效规范的话，就很可能像集体主义极易滑向集权主义一样，演变成利己主义。当个人主义沦为利己主义时，个人与社会是一种完全对立的状态。利己主义要想获得最大的自由，就必须最大限度地削弱社会的功能，社会成了个人发展的枷锁，只有打破社会的枷锁，利己主义才能使自己获得最大的自由。如此，作为社会规范的道德就没有了立足之地，人便会失去区别于动物的道德律。当个人主义沦为利己主义时，个人的理智和意志必然会被个人利益所取代，一心追求个人利益而漠视他人和集体的利益必然会使社会处于一个无序竞争的状态，缺少对他人和社会的关怀。缺乏理性和意志的社会与动物的世界无异，而作为人之为人的基本原则，道德则没有了存在的价值和空间。

在价值失范下，人的精神空虚，没有了精神滋润的个体如行尸走肉一般，一味地攫取个人利益而忽视生活的价值和意义，最终只能造成人的异化和道德的沦丧。信仰的缺失造成虚无主义，而虚无主义必然会使个人主义追求自身的利益，最终沦为利己主义。一旦个人主义极端化为利己主义，必定会严重破坏全人类的社会道德秩序。

第五节 西方媒体对中西文化的展望

半个世纪以来，以美国为首的西方国家价值观变得越来越虚伪、颓废，因而世界人民对西方价值观越来越失去兴趣，甚至持严肃批判的态度，这充分证明了“得道多助，失道寡助”的古训。

马丁·路德（Martin Luther）曾经说过这样一段话：“一个国家的前途，不取决于它的国库之殷实，不取决于它的城堡之坚固，也不取决于它的公共设施之华丽，而在于它的公民的文明素养，在于人们所受的教育、人们的学识和品格的高下，这才是利害攸关的力量所在。”①

法国《观点》周刊撰文报道：“西方集体是时候承认世界在变得多极化的同时，越来越把视线转向东方；我们的民主价值观失去了吸引力，世界上越来越少的人相信我们的民主，人们把目光快速投向东方中国。”②我们看到了西方的自由民主跟无政府主义走得有多么近，也看到了他们在自由民主幌子下对别国的破坏和掠夺。两相比较，孰好孰坏，一目了然。爱好和平的人民将目光投向东方是必然的结果。

英国著名的社会改革家和道德学家塞缪尔·斯迈尔斯（Samuel Smiles）被誉为催人奋发向上的“人类精神导师”“励志和自助之父”。他在《品格的力量》一书中这样谈道：“哪一个民族缺少了品格的支撑，那么就可以认定它是下一个要灭亡的民族。哪一个民族如果不再崇尚和奉行忠诚、诚实、正直和公正的美德，它就失去了生存的理由。”③一个国家的人民如果热衷于对财富的追逐、对感官快乐的追求，那么荣誉、秩序、忠诚等美德都将式微。

《纽约时报》（*The New York Times*），美国三大报纸之一，在国际上具有广泛的影响力。大卫·布鲁克斯（David Brooks）是《纽约时报》的专栏作家，他曾写过一本畅销书《品格之路》，影响力很大。他

---

① ［英］迈克尔·马莱特：《马丁·路德》，王慧芬译，上海译文出版社，2001年，第328页。

② 史仲文：《中西文明的历史对话》，内蒙古人民出版社，2000年，第241页。

③ ［英］塞缪尔·斯迈尔斯：《品格论》，巨涛编译，上海锦绣文章出版社，2015年，第126页。

在一篇题为《中国梦可能不输美国梦——集体主义中国和个人主义美国谁会笑到最后？》的文章中指出：

“这个世界有很多种划分方式，贫穷的和富有的，民主的和极权的，等等。不过最显著的划分方式是这样一种：具有个人主义精神的社会和具有集体主义精神的社会（the societies with an individualist mentality and a collectivist mentality）。

“我们可以把世界看成这样的一个全球共同体：一端是最个人主义的社会，如美国；另一端是最集体主义的社会，如中国。

“个人主义国家往往把权利和隐私摆在第一位。这种社会里的人倾向于夸大他们本人的技能，高估他们个人的重要性，而忽略团体努力。而集体主义社会里的人通常看重和谐和责任。他们往往低估本人的技能，在说起成就时总不愿出风头，而归功于集体的努力。”①

国际社会期待“地球村”在正确的道路上发展，政治家、哲学家、社会学家、教育家、战略家无不在努力寻求解救当今困境的灵丹妙药。历史上，人们熟知的伏尔泰、莱布尼茨、汤因比、托尔斯泰、罗素、李约瑟等人都高度评价过中国文化的价值；1988年，75位诺贝尔奖获得者聚集巴黎，发表《巴黎宣言》，该宣言称：“人类要在21世纪生存下去，就必须回到两千五百年前去汲取孔子的智慧。”

我们认为这是社会发展的必然选择，并且坚定相信几十年来西方对我们的种种所为注定失败，因为他们高估了自己的文化，低估了中华文化，而且他们高傲自大的心态导致他们难以真正了解传承了几千年的中华文化。我们的价值观是尚德和贵和，以诚相见，将心比心，推己及人，重信用，守承诺，和而不同，求同存异；我们个人修养的核心概念是仁义礼智信、忠孝廉耻勇。中华民族几千年来经受了无数内部和外部的严峻挑战而不倒，这足以说明中国传统文化有着强大的生命力和挽救

① ［美］戴维·布鲁克斯：《品格之路》，胡小锐译，中信出版社，2016年，第342页。

社会的作用。中国文化的传播和复兴必将带来全球政治的和谐、各国人民的相互尊重、跨文化交际的顺畅，以及全球可持续发展。

第六节　大学生价值观的培养

当前，世界文明正处在一个激烈碰撞的历史时期，各民族的思维模式、价值观、行为理念正在以前所未有的速度和方式发生变化，任何人、群体、国家都不可能远离时代潮流，故步自封，不受影响。中国价值观不可避免地要受到西方价值观的猛烈冲击，给人们（特别是年轻人）造成不同程度的思想迷茫、信仰缺失、精神空虚。如何在各种价值观碰撞中既保持思想活跃，又坚守民族文化心理认同，是摆在大学生面前的一项紧迫而重要的任务。

一、正确认识西方价值观

我们应该正视西方个人主义在西方历史进程中的积极意义，学习他们不畏权威、独立思考、勇于探索、敢于批判和创新的精神，在大学学习中，不唯书、不唯上，敢于与众不同、标新立异，培养自己的创新意识和能力。

我们也应清醒地认识到个人主义中的消极因素，如利己主义、享乐主义、自由主义、拜金主义、虚无主义等。这些负面东西会对学生世界观、人生观、价值观的形成产生很大的影响，中华传统文化中的集体观、义利观和奉献精神会受到挑战。作为国家的未来和希望，大学生的价值取向关系到我国现代化建设伟业的成败和中华民族的兴衰。

个人主义是西方价值观最推崇的一个概念，也可以说是西方文化的精髓，西方人也常常引以为豪。他们认为自己在价值观问题上拥有发言权，也拥有裁判权，更笃信他们的价值观是全球最好的，是人类历史上最高级的。西方国家习惯于把现代化等同于西方化，乐意向世界输出西方模式。二战后的冷战时期，西方跟苏联的对决，其实就是价值观对决。苏联解体后，西方更是占据了道德和价值观制高点，也从此开启了西方的巅峰时代。

但是近20年来，西方价值观在全世界遭到质疑，尤其是广大的发展中国家看得清清楚楚，世人不再相信西方价值观那一套了，中华文化走向世界。正是这一点，西方认为对他们构成了最大的威胁和战略挑战，因为这动摇了西方的文化基础和价值观在全世界的统治。西方政客不明白，到底是从什么时候开始，西方价值观无人相信了？其实从苏联解体后，西方价值观的双重标准就全部暴露在世界面前，西方打着民主、自由、平等、人权“四大价值观”的旗号，在世界范围内发动“颜色革命”，使得很多国家从稳定走向动乱，从国泰民安走向战乱不止。由此可见，西方的四大价值观虚伪至极。

二、寻求精神上的自我超越

集体主义并不排斥个人合理利益，个体利益需求是应该受到重视和保障的，问题是如何把握好集体主义与个人主义之间的平衡，有效防止从个人利益到个人主义再到利己主义的滑落，努力寻求个体精神的自我超越。

当个人主义极端化时，就会造成利己主义。利己主义以自我为中心，把个人利益看作个人行为的准则，与社会完全对立，利益得不到满足常常使人焦躁不安，没有精神支撑很容易导致人抑郁成疾。对利益过分追求以满足自己的身心快乐，人性会在欲望的满足中逐渐地泯灭，人会逐渐地被异化。在物质利益的驱使下，人们挑战原则，挑战道德底线，使得人性一步步被摧毁。要想挽救人的这种异化及脆弱的自我，必须寻求人的精神和意志的自我超越。

在物质利益面前，人必须保持自己的理性。在追求个人正当合理利益的同时，要在理性的作用下坚守个人的底线原则。面对利益的诱惑，必须保持头脑的清醒，理性地选择个人利益。人之所以是区别于其他生命的高级生命体，就是因为人具有这种精神的自我超越性，人的自我超越性是个人生命的升华，在经历了这些淬炼之后才能明白生命的意义和价值，才不会沉沦于物欲横流的物质世界之中。只有这样才能避免个人主义极端化为利己主义所造成的人的虚无化和人性的泯灭，在面对利益的诱惑时才能保持清醒理智的头脑，不随波逐流、人云亦云。要努力学习并践行社会主义核心价值观，即“富强、民主、文明、和谐、自由、平等、公正、法治、爱国、敬业、诚信、友善”。飞速发展的社会期待着大学生能以博大的胸襟、坚定的人格追求、高度的社会责任感、深厚的民族情怀为中国特色社会主义建设和中华民族伟大复兴贡献自己的力量。

2022年4月21日，国务院新闻办公室发布《新时代的中国青年》白皮书，第一次以白皮书形式专门论述青年问题。这一方面反映了青年成长对社会发展的推动作用，另一方面反映了政治社会理解青年、认知青年的紧迫性与必要性。千禧一代生活在丰裕时代，有着更加多元的选择机会，他们最引人瞩目的特征，就是经历和见证了改革开放的经济奇迹、史上最大规模的高等教育扩张、快速发展的经济全球化，以及互联网和社交媒体时代的到来。他们独特的见解、价值观所蕴藏的发展动能和潜在挑战性，已引起国家的高度重视。而中国的快速发展与世界形势的对比，也激发出他们更强烈的政治热情与爱国情绪。白皮书指出，新时代中国青年更加开放自信地融入世界，“走出去”的道路越来越宽，沟通合作的“朋友圈”越来越大，在与世界各国青年的交流合作中，弘扬和平、发展、公平、正义、民主、自由的全人类共同价值，展现构建人类命运共同体的青春担当。

第七章　中西饮食服饰文化之比较

第一节　中西饮食文化的形成

中国自古以来就是一个农业大国，背靠大陆，面朝海洋，平原面积广大，可谓气候和顺，五谷丰登，这就决定了中国饮食的内涵和发展。

中国饮食文化（Chinese diet culture）是以农业为基础的。周朝是中国原始农业向传统农业过渡的先行者，周族先祖“世为后稷（农官）”，被尊奉为中国农神，自周以来中华民族的农业类型与饮食结构基本确定下来。儒家仁政的目标也在于使普天之下“皆有所养”。《黄帝内经·素问》提出了“五谷为养，五果为助，五畜为益，五菜为充”这样的膳食配伍原则，基本上反映了中国古代食物资源的实际情况，也表现出鲜明的东方饮食结构特色。五谷是指稻、黍、稷、麦、菽；五果是指枣、李、杏、栗、桃；五畜是指牛、犬、羊、猪、鸡；五菜是指葵、韭、藿、薤、葱。历史上很长时间里，食料是以素食为主的，当畜牧业崭露头角之后，肉食品才开始被端上国人的餐桌，而各类肉食一直被认为是权贵阶层的专有食物。中国人以植物为主的饮食结构，科学合理，既避免了营养不足，又防止了营养过剩，确实是一种明智的选择。

孙中山先生是我们近代革命的先驱，但是多数人可能不知道，孙先生也是著名的饮食文化大家，他在《建国方略》中说：“我国近代文明进化，事事皆落人后，惟饮食一道进步，至今尚为文明各国所不及。中国所发明之食物，固大盛于欧美；而中国烹调法之精良，又非欧美所可并驾；而中国饮食习尚暗合科学卫生，尤为各国一般人所望尘莫及也。

夫悦目之画、悦耳之音，皆为美术；而悦口之味，何独不然？是烹调者，亦美术之一道也。中国烹调之妙，亦足以表明文明进化之深也。”

与中国的气候、地理环境相比，西方气候则不适合谷类作物的生长。对于西方文明的发源地古希腊来说，在地理环境上，古希腊以爱琴海为中心，以海洋性气候为主。在这种海洋性气候影响下，西方国家的海产品和肉食品较为丰富。在地形因素上，古希腊多山靠海，土地贫瘠，这样的地理环境只适合葡萄、橄榄的种植，根本无法大规模地种植谷物等其他粮食作物。与此同时，大西洋西岸和中部广阔的地形形成了欧洲温暖、湿润的温带海洋性气候，特别有利于牧草的生长。草原广布，牛羊成群，形成了欧洲发达的畜牧业。在欧洲人的认知里，畜牧业是各国的支柱产业，种植业只能沦为配角。这就决定了欧洲人对肉食品的青睐程度远远大于各类蔬菜。无论是在“黑死病”疯狂肆虐的中世纪，还是在机械水平大幅提高的工业革命后期，以肉为本的饮食习惯从未改变。以德国为例，14世纪后期，德国城市法兰克福每人每年吃掉的肉类达120多公斤。

众所周知，肉食品并不易熟，炒的更多的是肉丝、肉末。而西方国家动辄整头牛羊的制法，显然是不能用炒的。除去饮食文化与地理气候因素的差异，西方独特的饮食发展出了怎样的烹调方法？那就是炸烤之风盛行。

在欧洲人看来，烹炸的肉食无疑是最具活力、最快乐的。他们大快朵颐，在烈火烹炸肉食中获得了最满意的享受。

在农业立国的社会里，“由于中国人主张天人合一、强调整体功能、注重模糊等特色，使得中国人在饮食科学上产生了独特的观念，即天人相应的生态观念、食治养生的营养观念与五味调和的美食观念，食用养生与审美欣赏和谐统一”[①]。如此既满足了人的生理需求，也满足

① 刘异：《汉英饮食范畴概念隐喻对比研究》，硕士学位论文，湖南师范大学语言学及应用语言学，2010年，第39页。

了人的心理需求。

在畜牧业发达的社会里，“由于西方人主张天人分离、强调形式结构、注重明晰等特色，使得西方人在饮食科学上产生了独特的观念，即天人相分的生态观、合理均衡的营养观、个性突出的美食观”①。根据各种营养素的需求，恰当地配搭食物的种类和数量，凸显各种原料特有的美味，重在满足人的生理需要。

中国历史悠久，历来重视饮食，“民以食为天”的思想根深蒂固。在每个时期，中国的饮食不论是在物质上还是精神上都有自己的独特之处，并对世界饮食产生了很大的影响。

西方的饮食历史起伏多变，发展不平衡。在古代，饮食文化发展最快的是意大利，形成了西餐中历史最悠久的风味流派，也可以说是西餐的鼻祖。在近代，西方饮食发展中取得辉煌成就的是法国菜，从17世纪起的300年内成为西餐的绝对主角。在现代，虽然意大利菜、法国菜依然流行，但更令人瞩目的却是英国菜和美国菜，而美国菜逐渐成为西餐潮流的领导者。

第二节　中西饮食观念

中餐强调对味道的讲究，西餐体现为对营养的重视。中国人一向崇尚“民以食为天，食以味为先”的生活哲理，在饮食上特别讲究滋味，想尽一切办法使食物味道怡人，这是西餐所不能比的。

一、中国饮食中的审美意识

中国饮食中的审美文化开拓了中国传统文化风俗与生活的独特路

① 刘异：《汉英饮食范畴概念隐喻对比研究》，硕士学位论文，湖南师范大学语言学及应用语言学专业，2010年，第53页。

径：菜肴之盛之美以“味”论，而营养价值如何则不放在首位。在中国传统文化语境中，味道被视为品鉴菜肴的关键性因素，而“炒”这一技艺最能突出味道。受烹饪技术与食材的限制，之前的饮食审美更侧重于寻求食物原味，呈现出最为质朴的审美形态。直至隋唐时期，炒的技艺发展迅速，人们获得了纯粹的味觉享受。到了宋代，炒这一技法更能使得五味调和，人们擅以调味品与多样烹饪技法相结合烹制美味佳肴，这使得中国饮食文化趋向于寻求至味审美。

宋代以后，中国饮食更加细腻化，以审美化著称，对饮食之“色”“香”“味”的表达提出了更高的要求。在所有的烹调方法中，唯有“炒”这一技法最能带来视觉上的美感。《舌尖上的中国》制片人称：“炒是食物由自然美转化成为艺术美的直观显现，使得肴馔不仅满足于口腹之欲，更被作为一种视觉审美享受。”“色”这种色彩的美感存在于饮食活动中，或是经过烹调呈现的艺术造色，或是讲求色彩对比的变化，达到了色美味足；不仅增进了人们的食欲，还彰显着丰富的审美内涵，在世界美食界独树一帜。

二、西方饮食中的科学思维

对于西方饮食文化（Western diet culture）来说，味道并不是那么重要。在西方人的认知中，饮食科学才是最重要的，那么这样的饮食观带来了怎样的影响？中国和欧美之间饮食差异的原因还有哪些？西方人十分推崇合理均衡的营养观，源于他们的分析性思维方式。他们非常强调食物搭配及制作过程中的准确性和严格性，并形成了一套食物制作标准化和精确化的衡量体系。在西方的“卡路里学”中，“炒”被认为会使得食物中的营养大量流失。这种理性的饮食方式和中国人对色、香、味的追求形成了鲜明的对比。西方哲学重逻辑思维和分析性思维，重科学，重理论；反映在烹饪上，讲究科学饮食，遵循营养成分的比例规范，烹饪方式以烧烤为主。中国哲学重综合性思维和整体性思维，重伦理，重实践；反映在烹饪上，以五花八门、令人眼花缭乱的炒为主。中国人强调天人合一的和谐思想，荤素合理搭配，菜肴以色、香、味、形俱全为最高追求，而西方饮食严格以营养和健康作为最高标准。不过，凡事都不是绝对的，令人欣慰的是，中西餐也在不断地交流与借鉴。在20世纪初期，西餐开始为中国上流社会所青睐，并在中国一些地区流行。在中西餐的不断交流中，中餐越发注重营养的搭配，而西餐也越发注重色、香、味、形的改造，为人类带来更为健康与美味的食物。

第三节　中西饮食体系

一、中西饮食内容

中国人口众多，地域辽阔，各地饮食习惯有着很大的不同。而从日常三餐来看，中国人的主要食物是米面和蔬菜，辅以肉食品和水果，这是家常饭。但中餐菜肴就大不一样了，它的原料种类繁多，光是蔬菜就达600多种，比西方多六倍。中华民族固有的主食、副食的观念，使得菜肴不仅要与主食相配，还要弥补主食的单一性。所以，中餐极为重视菜肴的烹制。

西方人的食物以肉类为主，以蔬菜、水果为辅。西方没有主食、副食的概念，所有食物的功能都相同，或补充营养，或充饥。因此，西餐的烹调方式单一，烤、炸、煎等烹制方法适用于各种食物的制作；而且在烹制时，常将面食与肉类、蔬菜，甚至水果硬生生地叠在一起。

在欧美人的一日三餐中，面包占有十分重要的地位。他们的早餐一般都比较简单，花样少，但他们非常注重早餐的营养搭配；一般都是烤面包、烤肠、煎薄饼、鸡蛋、华夫饼一类的，搭配牛奶、果汁或者麦片，有时候也会吃点水果沙拉。而我们中国人对于早餐普遍不重视，甚至许多人将早餐自动跳过，不过我们早餐的食物却比欧美要丰富多样。无论是在外面还是在家里吃，欧美人最爱的就是酱，花生酱和果酱就是他们的最爱。欧美人的午餐应该是一日三餐当中最随便的，因为工作或者上班的缘故，使得欧美人吃午餐首先想到的是简便和快捷，通常中午会吃一些三明治或者汉堡包充饥，至于回家吃午餐的习惯则是很少见的。晚餐对于中国人和欧美人来说都是非常重要的，中国人晚餐通常会吃各种肉类、蔬菜及水果；欧美人最重视晚餐，他们的朋友聚会或者其他宴请都会安排在晚上，所以他们的晚餐很丰盛，也是最正式的。

二、中西饮食特点

中国菜肴由于各地民俗和气候的差别形成了八大菜系：川菜、粤菜、苏菜、鲁菜、湘菜、浙菜、闽菜、徽菜。中国菜肴不但具有“清、鲜、滑、嫩、爽”的口味特点，而且还有“色、香、味、形”皆妙的审美特点，所以不仅是美味的食品，还是赏心悦目的艺术品。“一菜一格”“百菜百味”是中国菜肴的特色，也是中国被誉为世界烹饪王国的根本原因之一。

而西方没有菜系一说，各地所见的都是制作简单的食品，如烤面包、烤香肠、烤牛排、汉堡包、炸鸡、比萨、塔可卷饼、三明治、热狗、炸薯条、黄油、沙拉等；还佐以罐头、快餐等，虽口味千篇一律，但节省时间，且营养良好。在美国，除了感恩节的火鸡以外，挺难找到典型的美国食物。人们从超市买来半成品，放在冰箱里储存，吃的时候拿出来加热几分钟就可以了。微波炉晚餐和实时餐点使得在家烧饭省事又快速。

三、中西烹饪方法

（一）中餐的艺术化与西餐的规范化

中国烹饪集艺术性、趣味性、游戏性于一体，对食客产生极大的吸引力。烹饪之于中国，简直与音乐、舞蹈、诗歌、绘画一样，拥有提高人生境界的独特意义。中国烹饪方法奇多，又分得非常精细，如炒、炸、烤、爆、焗、炖、煸、焯、焖、烩、焐、熘、煅、煎、涮、煮、蒸、煲、熬、熏、扒、汆、糟、拌、腌、卤、腊、拔丝、挂霜、糖醋、蜜汁等。具体来说，熘，熘肝尖儿；焖，焖肘子；烧，红烧肉；汆，汆丸子；蒸，粉蒸肉；炸，炸丸子；酥，香酥鸡；烩，烩羊肉；扒，扒牛柳、扒牛舌；炖，砂锅炖；爆，油爆鸡；等等。在酒店宴请时，我们常常看到满桌的菜肴让人眼花缭乱，厨师的技艺对菜肴的品质起着决定性的作用。

西方菜肴烹饪方法单一，主要是烤、炸、煎，无趣味可言，更无艺术可言。在美国，从洛杉矶到纽约，牛排都只有一种味道，无地域风格可言；厨师的工作只是一种极其单调的机械性工作。西方人不仅讲究科学和营养，更讲究操作的严谨。最典型的例子就是肯德基和麦当劳，不会做饭没关系，你到它这儿来，按照它的程序走，你也能把那薯条炸得很合适、很漂亮，炸多少分钟，都已规范好了。中国不一样，烹调技术一人一个样儿，没有既定标准。如果中餐有了标准，那炒出来的菜必不好吃。

（二）中餐“炒”与西餐“烤”的历史渊源

在中西饮食历史上，造成中餐习惯于“炒”、西餐习惯于“烤”的根本原因在于中国是“有锅”饮食，而西方是“无锅”饮食。这个根源又在哪里？要追溯到9000多年前，当时中国有陶器，而西方没有陶器。20世纪90年代，美国知名考古学家马尼士（R. S. MacNeish）和北京大学教授严文明率领的中美农业考古队，在江西省万年县仙人洞遗址发现了距今约12,000年前的稻谷遗存和大量陶片，在世界上引起了巨大轰动。万年县因此被誉为世界稻作文化起源地和陶器发祥地，世界稻作起源时间从8000余年前推移到了12,000余年前。根据专家采样分析，在遗址中发现的稻谷标本，与我们现在的稻米没有什么两样，原来人类早在12,000年前就开始种植水稻。现在水稻几乎是我们每家每户都吃的食物，让我们不得不佩服古代人民的智慧。在已出土的众多陶器文物中，这些陶器几乎都碎成陶片了，中外考古学家鉴定这些陶器距今已有两万多年。因为年代太过久远，后来经过专业人员修复，也只复原了一件陶罐，目前收藏在中国国家博物馆。这件原始陶罐不仅是目前世界上最早的陶器，也是人类在两万年前就有制陶手艺的历史见证。

在世界范围内，欧洲的北马其顿和南美洲都发现了距今七八千年前的陶器，这也是欧美发现的最早的陶器。撒哈拉沙漠周围的阿尔及利亚、利比亚、埃及等国，也发现了很多距今八九千年前的陶器。陶器是人类进化史上最重要的发明之一，我们曾长期将陶器的烧制与农业、磨制石器、房屋建筑并列为旧石器时代转向新石器时代的四大标志。

从以上对陶器烧制的历史追溯中，我们可以看出，世界上中国人最早烧制陶器。在考古学、人类学中，有“有陶文明”和“无陶文明”一说，我们中华民族最早进入了“有陶文明”，在饮食上最早出现了陶器锅。锅的出现使人类文明呈现跨越式发展。锅的第一个功能就是蒸煮，中国人喜欢蒸煮，用锅来蒸馒头、蒸包子、煮水饺、煮面条。为什么中国人自古喜欢喝开水而西方人喜欢喝冷水？这个问题也与有无陶器有关，因为开水要有锅来煮，所以喝开水的一个基本前提就是要有锅。中国人逐渐认识到喝开水的好处，所以就自觉养成了喝开水的习惯。中国人用筷子吃饭也与陶器有关。筷子是与锅相配套的，因为用锅煮东西，我们要捞食物，就要用东西把食物夹出来，这样筷子就诞生了。西方人在近万年前没有陶器，属于“无陶文明”。他们使用极其简陋的炉子，饮食方式只能是烧烤，使用刀叉切开生硬的肉类，这种烹饪方法和饮食工具一直延续至今。

此外值得一提的是，中国人基本没有肉食禁忌，而西方人的肉食禁忌比较多，比如动物的内脏、蹄爪我们都吃，欧美人则大多不吃这些。之所以有食物禁忌，也是因为他们早期没有锅。没有锅的话，就没法加工，就不能把病毒、细菌给消除掉。经过高温蒸煮之后，食物就消毒了，而且通过巧妙烹调使食物的味道变得很美，使原来味道不好的东西变得鲜美，使得中国人什么都可以吃；就像西方人说的那样，天上飞的、地上爬的、水里游的，几乎没有中国人不能吃的。

四、中西饮食习惯

中国人饮食习俗的一大特点是爱吃熟食、热食。中国人一直认为，“熟”是吃饭的第一标准。在美国餐厅吃牛排，服务员一定会问你牛排要几分熟；而中国人认为肉必须嫩一点儿，否则咀嚼费力，胃受不了，根本消化不了。在人类早期，人跟动物一模一样，就是吃生食。那为什么后来改为吃熟食？是因为偶然的情况下吃到熟食，比如山林大火，有的动物被烧死了，于是人捡到这种烧死的动物，觉得非常好吃，而且还比较容易消化。由此可以推断，人类的进化跟吃熟食有关。随着人类的进化，人类在饮食方面开始由被动转为主动，其中包括把食物煮熟。中国人习惯于熟食和热食，与中国文明开化较早和烹调技术发达有关。

西方人饮食习俗的一大特点是爱吃生食生菜、冷食冷饮。在美国餐厅，服务生会问：牛排您要几分熟？三分熟，五分熟，还是全熟？（How would you like your steak, rare, medium, or well done?）美国人一年四季都喜爱冷菜、冷饮，这与西方文明开化较晚和烹调技术欠发达有关。

五、中西饮食气氛

将饮食看作人生的一大乐事，这是中西方共同的观念。但生性文静内向的中国人和生性激动外向的西方人在如何享受这一乐事上，却又有着截然不同的看法和举止。

中国人认为，饮食上的享受就应当不拘小节，讲究热闹。所以在中国，全家一起吃饭时是最快乐的，大人笑嘻嘻地交谈，孩子嚷叫着要吃这吃那；饭店里更是红火，人们大声聊天，大声劝酒劝菜，大声开着玩笑，划拳碰杯，热闹非凡。所以在中国，好一点的饭店都有单间，主要就是为了避免吵闹。在法国、英国、美国，餐馆一般没单间，大家都在一个厅里吃饭，也许你旁边那个人就是一位显赫人物。至于外国人认为中国人在饭店里大声说话是不礼貌的行为，是见仁见智的，这是不同的文化使然。

西方人认为，饮食上的享受也应该优雅温馨，富有情趣和礼仪。所以在西方的餐厅里，有时虽然座无虚席，但气氛幽静得出奇，人们几乎全用耳语交流，一小口一小口地品酒，一小块一小块地撕着吃面包。有一位在中国的比利时留学生在某卫视一文化交流栏目中说道：这边餐厅比较吵，我们在家乡吃饭时，比较安静，有一种比较神圣的感觉，也比较有仪式感。有一次假期，我回到比利时，跟我弟弟出去吃饭，他提醒我说话声音小一点，周围有人在看，好丢人啊。

中国人在西方的就餐环境里会感到拘束与沉闷，再加上西方人极为讲究的饮食礼仪，中国人便会觉得吃得很累。张成新和张英写的一篇文章《两个旅美女学生的生活实录》（《文汇报》1995年8月18日）就以《正宗西餐吃得好累》为题，细腻而真实地记述了一个中国人在一个美国家庭里用餐的经过。由此可见，不同民族有着不同的餐桌礼仪和习惯，彼此不能苛求对方，但尊重对方的礼仪和习惯是必要的。

六、中西进餐方式

（一）中国人的合餐制

聚餐时，大家一起吃一个盘子里的菜，这种吃饭的方式叫合餐制。

在中国，任何一种筵席，无论是哪种目的，都只会有一种形态，永远是一席人团聚在一起，共用一张餐桌，气氛热烈，笑声阵阵，山珍海味摆放在餐桌中间，美酒佳肴带来欢乐的气氛。大家相互寒暄，彼此让菜、劝菜，表现出相互之间的情感。尽管从卫生健康的角度看，这种饮食形式有比较明显的不足之处，但它契合我们中华民族团圆的普遍心态，有利于人们的情感沟通。

如今，中国人很重视合餐制中隐含的卫生问题。大家都从同一个盘子里夹菜，难免偶尔发生卫生问题。但中国人很智慧，与时俱进，找到了解决的办法，就是用公共筷子；大家每个人都有自己的一个小盘子，用公共筷子从大盘里夹取自己喜欢的饭菜，然后放在自己的小盘子里吃，这样既热闹，又健康，大家都很喜欢。

（二）西方人的分餐制

聚餐时，把饭菜分到每个人的盘子里，大家只吃自己盘子里的菜，这种分开吃饭的方式叫分餐制。

西方人的进餐方式，从古至今一直是分餐而食，几乎没有采用过合餐。人们虽然围坐于一桌，但每人一套餐具，每人一套菜点，各吃各的，互不影响，互不干涉；虽然显得有些冷清却很从容，而且卫生又随意，个人拥有饮食的自主权和选择权，具有较强的独立性。

中式酒席更多凸显所有人之间的交际，而西式酒席更多表现为邻近宾客间的交际。与中式菜肴摆列的方法不同，西餐将全部美食向大家摆列出来，人人各取所需，无须固定在座位上吃，走来走去，比较随意。这样的方式易于部分宾客之间的情感沟通，可以不用将话摆在桌面上，也体现了对人性、对个人的尊重。各吃各的，不给别人添麻烦，但缺失了中餐其乐融融的氛围。

中国人喜欢一起吃一个盘子里的菜，是因为中国人非常重视家庭、朋友之间的亲切氛围，认为大家同吃一盘菜，家人或者朋友之间的关系会更加亲密。这样做还有一个好处，就是会让一种菜肴显得更加完整和漂亮。比如一条西湖醋鱼，本来做得非常漂亮、非常完整，但如果是分餐制，把这条鱼分开了，这道中国菜的鲜明特色就荡然无存了。中餐注重"形"，"形"被破坏了，也就影响了用餐的感觉和气氛。

中西进餐方式相比较，归结起来，仍然是感性与理性、综合性思维与分析性思维之间的区别。不过，随着科学与技术的发展，这种差异正在变得越来越小。越来越多的中国人已经不会只在意菜的色香味形，而更讲究它的安全、健康和营养。由于生活越来越忙碌，很多人都觉得中式菜肴做起来太麻烦，不如来个汉堡、炸鸡更方便，这也就意味着，在饮食上，两者之间不再泾渭分明。

七、中西进餐工具

中国人最常使用、最具代表性的餐具是筷子，几乎能够取食餐桌上所有的菜肴和饭粥、面点。一双筷子能完成一顿饭的全部任务。在古代，筷子的便捷高效赢得了邻近国家的青睐，也成为东南亚国家常用的饮食工具。筷子多为竹制，亦有金属、象牙与塑料等制作材料。

筷子在人类文明史上是一个重要的科学发明。诺贝尔奖获得者、美籍华裔物理学家李政道博士是这样称赞筷子的："中国人早在春秋战国时代就发明了筷子。如此简单的两根东西，却高妙绝伦地应用了物理学上的杠杆原理。筷子是人类手指的延伸，手指能做的事，它都能做，且不怕高热，不怕寒冻，真是高明极了。"①

"学者曾测定，人在用筷子夹食物时，有80多个关节和50条肌肉在运动，而且与脑神经有关。因此，用筷子吃饭使人手巧，可以训练大脑使之灵活，外国人对这两根神奇的棍状物能施展出夹、挑、舀、撅等功能钦羡不已，并以自己能使用它进食而感到高兴。"②

西方人最常使用、最具代表性的餐具是刀和叉。西方人大概到16世纪、17世纪才发明了刀叉，刀叉的使用不过只有四五百年的历史。刀叉

① 叶宝生主编《科学之美》，中国青年出版社，2002年，第192页。

② 魏峰：《中国筷箸文化初探》，《武汉商业服务学院学报》2011年第25期，第8-10页。

共同承担进餐的功能，几乎是形影不离。一手持叉，一手持刀，用刀切割食物，用叉送食物入口，这些已成为西方人饮食生活的日常。

西方何以没有筷子？“这与西方进餐以肉食为主直接相关。欧洲以畜牧业为主，面包之类直接用手拿，牛羊肉用刀切割，送进口里，最方便了。牧场和草原广大，刀叉是随身挂在腰带上，居无定所，必须随身携带。到了城市定居以后，刀叉进入家庭厨房，才不必随身携带。”① 刀叉是西方饮食文化的标志，更是西方礼仪文化的重要组成部分。

中国饮食文化具有独特的魅力，在国际上的影响力是有目共睹的。“民以食为天”“食色，性也”……道出了中国人对饮食的重视。中国的方方面面都与吃紧紧相连。

网络上盛传一个段子。有人说：“我终于明白了中国文化其实就是吃文化。比如，谋生叫糊口，岗位叫饭碗，受雇叫混饭，花积蓄叫吃老本，混得好叫吃得开，占便宜叫吃豆腐，漂亮叫秀色可餐，受人欢迎叫吃香，受到照顾叫吃小灶，不顾他人叫吃独食，受人伤害叫吃亏，男女嫉妒叫吃醋，犹豫不决叫吃不准，不能胜任叫干什么吃的，骂人叫真是个饭桶，负不起责任叫吃不了兜着走，办事不力叫吃干饭。”这个段子风趣而真实，虽说“中国文化就是吃文化”有点夸张，但如实反映出“吃”这一概念深深嵌入了中国人的日常话语之中。

中华饮食文化博大精深、源远流长，可以将中国饮食文化提炼成“精、美、情、礼”，这四个字精练地概括了中国饮食文化的精髓，反映了饮食活动过程中的饮食品质、审美趣味、情感交流、社会关系等方面的独特意蕴，也彰显了饮食文化在中华优秀传统文化中的重要地位和影响。

① 庞瑛：《中西方饮食文化比较研究》，硕士学位论文，西北农林科技大学科学技术史专业，2011年，第108页。

第四节　中西酒文化

酒作为世界上的重要饮品，已经成为许多人一种生活上的必需、一种生理上的享受、一种精神上的愉悦，或者说一种时尚的追求。而酒在中国和西方国家的起源、品种等不尽相同，在长期的饮食消费过程中形成了各具特色、丰富多彩的饮品文化。

一、中西酿酒原料

中国自古就是农业大国，盛产小麦、稻谷，为酿酒创造了必要的条件。中国关于酒的起源主要有两种说法：一种是夏禹时期的仪狄造酒，史书中有记载，西汉刘向编纂的《战国策》中就提到仪狄“始作酒醪”，郭沫若认可这一史料；另一种是杜康造酒，据《史记》记载，杜康也是“酿酒始祖”，《说文解字》载杜康“始作秫酒”，后世将他尊为“酒神”，制酒业则奉其为“祖师爷”。其实用粮食酿酒是件程序、工艺都很复杂的事，单凭个人力量是难以完成的。仪狄或杜康再有本事，造酒也是不大可能的。事实上，任何事物的发现和演进都是一个长期的过程。酒最早被酿造的具体年代已经无从考证，而被发现最早的是1974年发掘的战国时期中山国古墓群里出土的酒，距今2300多年，堪称无价之宝。

我们可以推测，酒的最早出现大概就是由于机缘巧合让类人猿或者原始人发现了某种谷物或者水果，经过意外的发酵变成了一种液体，这种液体喝下去会有奇妙的感觉，而后就有人开始不断地去探寻其中的原理，并且一代一代地去研究改进。随着人们对酒的品质的要求越来越高，这个不断研发的过程到今天仍在持续进行。

在公元前2000年左右，希腊人居住在爱琴海周边地带，地中海风平浪静的地理环境推动了古希腊城邦远洋贸易的兴盛，而葡萄酒是非常重要的贸易产品。古希腊的葡萄栽培和酿酒技术，最早应该是从古埃及引入的。古埃及作为四大文明古国之一，大约在公元前3000年，其境内就出现了葡萄酒的贸易。考古学家发现，在公元前2500年，埃及金字塔里陵墓的壁画上，有大量展示葡萄种植、酿造及运输的图案，而且还刻画了人们畅饮葡萄酒的场景，这些史料都可以说明当时的葡萄栽培及酿造已经非常兴盛。但并不是所有人都能喝上葡萄酒，啤酒才是大众的日常饮品；葡萄酒在当时，以奢侈品的标签，流通于上层社会。那时候，古希腊成为整个欧洲最早栽培葡萄和酿酒的国家，考古人员发现了早在公元前1500年古希腊葡萄栽培和葡萄酒酿造已成繁荣景象的史料。作为古希腊人最喜欢的饮品，葡萄酒不但被认为具有较高的药用价值，而且还被当作人类智慧的源泉，上升到了精神层面。与葡萄酒只属于上层阶级的古埃及不同，古希腊社会的各阶层都能喝上葡萄酒，只是他们所喝的葡萄酒品质有所不同而已。葡萄酒能在古希腊繁荣，还有一个非常重要的自然原因，就是古希腊的自然环境很差，丘陵起伏，土地贫瘠，再加上典型的地中海气候，土地上只能生产有限的大麦及比较喜欢干旱气候的植物，比如橄榄和葡萄。几千年来，面包、葡萄酒和橄榄油作为希腊人餐饮的核心，也被历史学家称作地中海的三宝。在当时的古希腊，盛产橄榄油和葡萄酒，极大地刺激了贸易往来，而对海洋的不断探索和贸易的发展又拓展了人们的眼界及不同文化间的交流。所以，在这片海洋文明的摇篮出现了各种思想的交锋，比如雅典的民主和斯巴达的专制之争。希腊人对自然和宇宙的探索和思辨直接推动了欧洲文明的启蒙与进步。

二、中西酿酒工艺及酒质

关于中西不同的酿酒方法，首先是地理使然，所谓“一方水土养一方人”，不同的地理环境孕育出不同的美酒。像中国赤水河两岸产出了世界闻名的酱香名酒，法国波尔多的左岸产出了出类拔萃、名扬四海的赤珠霞。从表面上看是山川水汽影响，实际上是微生物的环境不同；往大里说，它是气候的生态，往小里说，它是高粱小麦和大麦葡萄。

其次是原料，原料决定了酒的物理价值。中国白酒与威士忌（Whisky）、白兰地（Brandy）、金酒（Gin）、伏特加（Vodka）、朗姆酒（Rum）、龙舌兰酒（Tequila）并称为世界七大烈酒，都是蒸馏酒。中国白酒从古至今都是用上等粮食酿造，知名品牌有茅台、五粮液、汾酒、洋河、泸州老窖等；威士忌用的是大麦、黑麦、燕麦、小麦、玉米；金酒用的是植物杜松子；白兰地用的是葡萄和其他水果；伏特加用的是马铃薯、大麦、玉米；朗姆酒用的是甘蔗；龙舌兰酒用的是龙舌兰植物的根茎。

再次是酿造工艺。威士忌等烈酒和中国白酒酿制有一个根本性区别。粮食在转化成酒的过程中，有一个中间步骤，即淀粉先转化成糖。对此，中国方案和西方方案是不一样的。中国方案用的是大曲，里面含有大量的根霉菌、毛霉菌，通过微生物来分解粮食里面的淀粉，然后产生糖。中国白酒是固态发酵，需要更多的微生物，所以产生的物质会更加的丰富，香气更加突出。西方方案是让粮食发芽，发芽以后里面就会产生阿尔法淀粉酶、贝塔淀粉酶，能够在后期分解淀粉，产生糊精，然后再产生麦芽糖。如威士忌更接近于液态的发酵，不需要较多的微生物，所以酒的香气不太突出。我们会发现，两种不同的糖化方式最后产生了两种不同的风味。中国白酒味道很丰富、浓郁，而西方烈酒的味道就没有那么丰富，而是比较干净。在后期储存方面，中国白酒有的是在陶缸里面储存，散发出的是凉香；有的是在窖池中储存，散发出的是浓香，以及酵泥的糟香。威士忌是在橡木桶里面储存，它会萃取橡木里面烘焙的香气，如橡木的香气、奶油香和巧克力香，所以它的香气接近花香、果香这种香甜的气息。

中国酒有千年纯酿而闻名于世，外国酒则以典雅单纯百代留香。中国与外国的酒文化可谓不分伯仲，各有千秋。随着世界文化交流的日益频繁，中国和外国的各式酒类也相互进入了彼此的餐桌。在中国，每家每户的餐桌上，都出现过红酒的身影。但在国外，中国普遍流行的白酒，外国人却很少喝，连最爱烈酒的俄罗斯人也不喝。这是为什么？早在20世纪，我国的茅台曾在世界博览会上闪亮登场，品尝过的外国人纷纷叫好；而茅台虽然受到了夸赞，却没有真正打动外国人的心，或许他们认为中国的白酒度数太高了。确实，白酒的度数普遍偏高，好的白酒度数在52、53度左右，而外国蒸馏酒的度数一般都偏低（伏特加除外），虽然现在有了很多的低度白酒，外国人还是不习惯。像俄罗斯的名酒伏特加，酒精浓度和辣味与白酒相比毫不逊色，关键是味道不同。世界七大蒸馏酒中，白酒是唯一一种用曲来发酵的蒸馏酒，所以会有比较明显的酒曲味、窖香味，这在其他蒸馏酒中几乎没有，外国人不太适应这种香味。而且外国人喝酒喜欢加冰块或者混着饮料喝，但是白酒一般只能单独喝。

以上是中国白酒与威士忌等粮食烈酒酿造工艺的不同，下面介绍风靡全球的葡萄酒独特的酿造工艺。

西方葡萄酒与粮食酒的酿造工艺有着很大不同。根据人类的食用方式，葡萄分为三种：食用葡萄、酿酒葡萄和风干葡萄。第一种食用葡萄，就是我们日常吃的水果葡萄，这种葡萄不具备用来酿酒的普遍特征，皮儿薄，粒大，果实甜美，比如巨峰葡萄、红玫瑰等，在日常超市都能买到。第二种酿酒葡萄，果粒特别小，但是皮儿又特别厚，因为厚的葡萄皮能够给葡萄酒酿造提供更多的风味物质。第三种风干葡萄，即经过风干的酿酒葡萄，这类葡萄糖分集中，风味物质高度浓缩，是葡萄酒酿造中独具特色的原料；使用风干葡萄酿成的酒在意大利统称为帕赛托（Passito）葡萄酒，采用枯藤法酿造。另外，当今我们酿酒所用的葡萄基本上都来自欧亚种，已经有5000多个品种了，当然也有很多杂交的葡萄品种。

采摘后，就要给葡萄除梗破皮，因为葡萄酒的颜色和风味物质主要来自红葡萄皮里的色素，还有单宁。所以，必须先破皮，让葡萄汁和皮充分地接触，释放出多酚类物质，接下来就要发酵了。葡萄酒酿制的一道工序叫巴氏杀菌法，是法国著名微生物学家、化学家路易·巴斯德发明的。他对葡萄酒酿造的最大贡献就是发现了酒精发酵的原理，即糖加酵母转化为酒精和二氧化碳。葡萄里有了糖、酵母，葡萄皮可以诱使酵母生长，葡萄就可以自然发酵，不需要添加任何物质，成为一种全天然的酒精饮料。这个发酵的过程，就是在一个大容器里等待它自然发酵，随着不断发酵，葡萄皮会在上边结成厚厚的一层，酒从下边出来；然后把酒放在一些容器里，可以是不锈钢的铁桶，也可以是橡木桶，好的葡萄酒都会在橡木桶里面陈酿。橡木桶不仅补充了红葡萄酒的香味，同时也提供了适量的氧气，让酒的口感圆润和谐。葡萄栽培体现了人类在开发园艺和酿酒技术方面的独创性，发酵葡萄酒是西方文明的重要贡献之一。

那么，有人不禁要问：葡萄酒就是白兰地吗？不是的。葡萄酒是以葡萄为原料发酵而得。而葡萄发酵后进一步蒸馏得到的更浓的酒精，就是白兰地，当然白兰地酒精含量比葡萄酒要高得多。一般葡萄酒酒精含量在12%左右，白兰地在45%左右。白兰地多了蒸馏、调配，陈酿时间更长，度数更高，正所谓“白兰地是葡萄酒的灵魂”。白兰地在橡木桶里存放两年以上，甚至长达数十年，其酒体通常为金黄色。白兰地有三大知名品牌：轩尼诗（Hennessy）、人头马（Remy Martin）、马爹利（Martel）。

葡萄酒又分为红葡萄酒和白葡萄酒。红葡萄酒在酿制时采用带皮带籽的红葡萄，果皮中存在的花青素遇酸会变红色，所以酿出来的酒液通常为红色或深紫色；白葡萄酒则采用白葡萄品种酿制，果皮中花青素极少，所以酿制出来的酒液通常为黄色或透明色。白葡萄酒喝起来给人以清甜之感，而红葡萄酒却给人以酸涩之感，这是单宁含量的问题。红葡萄酒酿制时会连皮带籽一起发酵，皮中含有大量单宁成分，发酵的时间越长，单宁成分分解得越多，红葡萄酒的口感就越酸涩。白葡萄酒是在去掉皮籽后进行发酵的，所以就没有了单宁成分，酸涩口感也就没有了。相比红葡萄酒的酸涩，白葡萄酒的清甜可口更受欢迎，尤其是女性。目前世界上的葡萄品种超过6000种，但能酿制出优质葡萄酒的葡萄品种只有50种左右，其中酿制红葡萄酒的品种，比较出名的是赤霞珠（Cabernet Sauvignon）、梅洛（Merlot）、西拉（Shiraz）、品丽珠（Cabernet Franc）等；酿制白葡萄酒的品种更是少之又少，比较出名且常见的有霞多丽（Chardonnay）、长相思（Sauvignon Blanc）、雷司令（Riesling）、白诗南（Chenin Blanc）等。

三、中西饮酒礼仪

在中国最具有代表性的酒莫过于白酒。可以说，中国的酒文化（liqueur culture）就是白酒文化，所谓的饮酒礼仪更多是针对白酒的；而西方的酒文化（wine culture）主要指葡萄酒文化。

在酒具方面，中国古代常用的是瓷器、青铜器和漆器，这些酒器形象优美、装饰众多。西方人认为不同的酒应使用不同的器具，所以他们有白酒杯、红酒杯、白兰地酒杯等不同形状的杯子。吃西餐时，杯子摆一排，但杯子是不能混用的，不同的酒要配不同的杯子，杯型和酒之间有着严格的匹配要求。西餐的酒细分为餐前酒、餐中酒和餐后酒；上酒的顺序先是低度的，后是高度的；先喝有气儿的，后喝没气儿的；通常白葡萄酒在先，红葡萄酒在后。酒杯的使用是不断变化的。

喝红酒是要求醒酒的，这个醒酒是什么概念？其实就是让酒回味，并不是醉酒之后的解酒。打开一瓶红葡萄酒，倒入适量的酒在杯中慢慢摇晃，目的是加速葡萄酒与氧气的接触，让葡萄酒释放更多的香气，还可以享受酒香带来的快感。酒的氧化让葡萄酒的单宁更加柔顺，口感更加醇厚，让“昏睡”的葡萄酒从睡梦中“醒”过来，散发出其特有的芳香并呈现出美丽的色泽。红葡萄酒不能喝出那种冰冰的感觉，相反，白葡萄酒一定要喝那种冰冰的感觉，可以在冰箱里冰镇两个小时后再喝。“将饮用葡萄酒看成是欣赏艺术品，每一种葡萄酒都有自己的温度、味道和适合自己的杯子、菜肴；只有相互间完美地配搭，饮用时仔细地观色、闻香、品味，才无愧于美妙的葡萄酒。”①

正确的红酒握杯姿势是大拇指、食指和中指轻捏着杯颈部位，不能托着杯肚，避免手的温度使得酒温升高。红酒碰杯与白酒碰杯不一样，不能用杯沿儿去碰，而应该用杯肚最丰满的那个位置去碰。为什么这样做？因为杯子的这一部分是最厚的，杯沿儿是最薄的，容易碰破。西方人说到干杯时，并不是真干了，而是拿起来喝一点，沾一点，不能像中国人喝白酒一样一干而尽。

在美食之国法国，饮酒素有讲究，有白酒配鱼、红酒配肉的不成文的规矩。在食物搭配上，红葡萄酒的味道浓郁，口感醇厚，适合搭配肉质纤维较粗、口味较重的红肉；而白葡萄酒不存在口感上的“涩”，香气清新，感觉轻盈，适合搭配肉质细嫩清淡、口味较轻的白肉。

中国的酒店里，通常都有10—20人的餐桌，甚至有30个人的大转桌。老实说，30人的大转桌上，连对面的人长什么样都看不清楚，一大群人在一起喊，一起乐，一起开心，喝的不是酒，是心，是情。醉翁之意不在酒，酒只是精神上的连接升华的工具。美国人认为只有独处的时候喝的才是酒，注重的是酒本身。我们看到美国的电影里，在酒吧里喝酒的大多是一个人，顶多就是两个人，喝的是孤单，饮的是寂寞，醉的就是苦闷了。

中国人喝酒讲究的就是呼朋引伴，不停地劝酒，要让别人喝好才能显出自己的热情，要的就是这种热烈气氛。而美国人就比较自我，喝多少自己随意，从不劝酒。美国人要是参加中国人的酒宴，大多是站着进去躺着出来；中国人如果参加美国人的酒宴肯定是喝不好的，可能会

① 杜莉：《中西酒文化比较》，《扬州大学烹饪学报》2004年第1期，第1-4页。

想，你们也不劝劝，这叫喝酒吗？真是没有人情味。

中国的酒桌上通常崇尚大碗喝酒，大块吃肉，注重酒桌上情感的交流，追求的是酒带来的淋漓尽致的享受。感情深，一口闷；感情浅，舔一舔。一定要喝到尽兴，甚至喝到“趴下”为止，要的就是一个酒量的上限、感情的极限。而西方人更注重的是酒桌上的礼仪，以自己喝得舒服为标准。看美国人喝酒，一口一口地抿，仔细地观色、闻香、品味，似乎只有这样才无愧于美妙的葡萄酒。这就跟中国人品茶一样，倒是挺优雅的，通过慢慢品尝来渲染一份文雅情调。他们认为酒是生活的调剂，是一种消遣享受；品酒是自斟自饮，因此自己是否喝得开心和愉悦往往更加重要，跟其他人没有太大的关系。西方人饮酒，通常斟到整杯的3/7；而在中国，通常以满杯为敬。如果以中国酒桌上的礼仪大口喝红酒，自然难以咀嚼其中的典雅。

中国人饮酒基本上都是在餐桌上觥筹交错，推杯换盏，要解决的是人和人之间的问题，是人和社会的问题。所以，中国的白酒文化是一种圆桌文化。在一个非常发达的农耕社会里，主要的矛盾是人和人之间的矛盾，以及人和社会的矛盾，而不是人和自然的矛盾。中国历史上都是用伦理和礼仪来巩固和统治这个社会。正所谓“酒始于智者，后世循之，以之成礼，以之养老，以之成欢”。而西方人喝酒，主要解决的是自己内心的问题。他们饮酒基本上都是独饮，一瓶白兰地或者威士忌，放到他们自己的卧室或者书房，小杯独饮一瓶酒，好几个星期才能喝完，和我们中国人喝酒的习俗不一样。我们通过了解中西方在酒文化上的差异，从某种程度上也能了解中西方社会形态上的差异。

关于酒桌上的规矩，中国人是尊卑有序，谁是主人，谁是客人，坐在哪里，先敬哪个，后敬哪个，是传统的规矩。酒桌文化在古代刚刚诞生之时，是为了体现等级尊卑，虽然其出发点带有很浓厚的封建思想，但是其中的规矩不得不让人肯定其价值，毕竟没有规矩不成方圆。有等级的酒桌文化也能够使酒桌井井有条，人们欢笑一堂。在碰杯的时候，晚辈的杯子要比长辈低一点，这也体现了人与人之间的关系，体现了一个人的文化涵养和素质，是文化真正的魅力所在。古代的酒庄文化是中华社会遗传下来的旧俗，古代的酒并不是单纯的酒，而是一种“政治液体”。酒庄文化代表着家庭伦理和礼仪秩序。而西方人不在乎这些，舒心随意、不受约束对他们来说才是最重要的。他们没有上下级观念，不介意什么尊卑有别、什么长幼有序，就是相互之间敬酒而已。

四、酒文化折射的人生观

中国的酒文化博大精深，上下五千年，源源不断。美酒醇香从千百年前传承到现在，酒已经成了生活中必不可少的饮品。在中国数千年的文明发展史中，酒文化深入中国人的血脉深处，影响深远。在儒家思想占有主导地位的时期，酒文化的实质就是人际关系文化，其中蕴藏着伟大的东方智慧。

人世间有了酒，人类的生活变得丰富多彩，人类的文明更加五彩斑斓，人生更是增添了别样风采。酒成为一种文化，折射出了中国传统文化的精华。灵魂不失的中华文明，处处飘溢着浓郁的酒香。其实我国古代很多文人就是风度高雅、性情直率、饮酒豪放的知己故交。所谓酒逢知己千杯少，古人的饮酒场地多以竹林、画舫、名山、大川等为佳地，饮酒的乐趣让人回味无穷。假如我们的祖先没有发明酿酒术，历朝历代的生活会减少很多滋味，也不会有煮酒论英雄等典故，回忆往昔时更是会减少很多的乐趣。酒作为中华五千年文明中一种独有的文化载体，在人类历史中占有独特的地位。

细数整个历史，中国的文学家、艺术家和酒有着偌大的缘分，最让人耳熟能详的就是李白斗酒诗百篇。嗜酒的李白一生写诗无数，为人豪气，酒就是他最好的知己。虽然酒让李白得罪了高力士，断送了大好前途，但酒也使他为后世留下了一笔宝贵的精神财富。《将进酒》里的“人生得意须尽欢，莫使金樽空对月”，唯有李白这样以酒作为生命的豪迈之人才写得出如此空前绝后的诗作。我们也可以这样理解，酒的出现冥冥之中早有安排；酒乃天地间的“灵修”之物，虽然进入腹中，却不能充饥，也不能解渴，只能作用于人的心神之中，经过酒的滋润，心里便产生了不可名状的感觉。酒与传统的历史、人文、生活习俗、精神世界相融，酒文化是一种长期沉淀下来的、被各地方人群所认同的、有生命力的精神价值。

各民族有着各自不同的酒文化。酒是什么东西？不同的人有不同的见解和感受。日本人把喝酒当成工作，每天下班必先去酒吧报到，酒吧成了日本男人的天堂；德国以啤酒闻名，德国啤酒是大麦制成的，大麦吃多了人容易发胖，德国人因为无度饮用啤酒，成就了一个个啤酒肚；俄罗斯人喝起伏特加来堪称天昏地暗，很多人酗酒后晕倒在大雪纷飞的街头，甚至被冻死的惨况屡有发生。

饮酒令是中国文人骚客的一种游戏。饮酒的时候，如果光喝酒，显得有点沉闷，所以要让气氛活跃起来，人们就想出了一个办法，这就是酒令。酒令有两种，一种叫作雅令，即文雅的、高雅的；还有一种叫通令，即通俗的。韩愈诗中写道“不解文字饮”，何为文字饮？文人间把酒赋诗也。

值得一提的是，中国酒文化在现代社会里有了演变，添加了新的内涵，就是酒局现象。我们在第五章里谈到了中国是个人情大国，在工作生活中注重人情关系，会友交友离不开酒局。我国市场上的中高档白酒，大部分消耗在带有传统观念底色的酒局上，人们以酒为媒介，交换信息，确立认同，相互间获得好感及信任感。在推杯换盏中，酒充当了人情关系的润滑剂和助推剂。西方人饮酒在意酒的品质如何，追求的是个体愉悦，所以说西方只有酒桌，而没有酒局。这种差异，究其原因，从本质上讲，缘于我国和西方国家地理环境的差异及由此形成的开放式商业文明与封闭式农耕文明的区别。

具有极强开放性和扩张性的商业文明，崇尚法治和契约精神，在这个文化底层逻辑下，搞人际关系是没有用的。而我国自古以来就处在相对隔绝的大陆性地理环境，西面是高山沙漠，北面是高原森林，南面是崇山峻岭，东面和南面则是浩瀚的海洋，四面交通都非常不方便，不同地域的往来交流很少；加上自古统治阶级的重农抑商政策，人们每天从事着极其繁重的农耕生活，尤其是面对自然灾害时，需要人们相互帮助、相互扶持，由此人际关系显得格外重要。

第五节　中国茶文化与西方咖啡文化

一、茶与咖啡的历史文脉

中国人一提到茶，马上想起两句俗语："柴米油盐酱醋茶""琴棋书画诗酒茶"。中国人饮茶的历史已经有数千年，茶丰富并滋润着中国人的生活，已形成了独特而深厚的中国茶文化（tea culture）。中国茶根据制作方法和发酵程度不同分为六大类：绿茶、红茶、黄茶、青茶、白茶、黑茶；各有其醇厚芬芳，各有其审美气韵，历经千年积淀，始终引领世界潮流。

茶的种植历史，在中国可以追溯到6000年前。在2011年的河姆渡文化浙江余姚田螺山遗址考古发掘中，出土了我国最早的人工种植茶树的树根遗存。

"这一发现，也把中国境内开始种植茶树的历史由过去认为的距今约3000年，上推到了6000年前。也就是说，余姚田螺山是迄今为止考古发现的我国最早人工种植茶树的地方。田螺山遗址茶树根遗存的意外发现，为解决世界茶树种植起源于何时何地这一问题找到了重要证据。"茶圣陆羽在其《茶经》中说："发乎神农氏，闻于鲁周公。"纵观古人饮茶史，其实经历了四个阶段，即把茶当成食物、药物、祭品再到如今的饮品。在古代，茶分为粗、散、墨、饼这四大类。喝茶的方式也是五花八门，有人把茶碾碎，用水冲泡，这叫作吃茶；有人把茶叶放入壶中冲泡，这叫作煎茶。元代人使用茶末煎煮饮茶，明代形成了泡茶的饮茶方式，一直沿用至现代。唐朝的茶业昌盛，还出现了茶馆、茶宴、茶会等场所。茶文化覆盖全民，属于大众文化，影响了整个社会。茶道到了宋代，出现了与行酒令功能一样的行茶令，大家围坐在一起现场品茶赋诗，比的不仅是作诗的功力，更是品茶的功力，从汤的成色来判断泡茶之人的茶道功夫如何。一直到了明清时期，随着茶叶种植技术的提升，茶才真正地走入了寻常百姓家，跟大众牢牢地结合在一起。

古老的中国茶文化与其他国家的历史、文化、经济及人文相结合，衍生出千姿百态的独特而充满趣味的饮茶风俗。埃及人待客常会端上一杯放了大量白糖的甜茶；热茶到了泰国则演变为冰茶；而在斯里兰卡，当地居民酷爱喝浓茶，泡出的茶水品来又苦又涩，他们却觉得津津有味。茶叶贸易为世界带去了优质的饮品，也深深影响着世界人民的饮食方式和生活方式，形成了不同的饮茶习俗和茶文化形态，如英国茶文化、俄罗斯茶文化、摩洛哥茶文化及日本茶文化等。国际茶文化的广泛交流使其跨越国界，成为人类文明的共同精神特征。

咖啡起源于1000多年前非洲的埃塞俄比亚，有一种神奇的红果能使人情绪亢奋，精力充沛。到了17世纪，红果被大量运往欧洲，就这样，经过300多年，咖啡豆已流传到世界各个角落。咖啡因是咖啡中的一种物质，它可以加速人体的新陈代谢，使人保持头脑清醒和思维灵敏。目前科学家在大约60种植物中发现了咖啡因，其中最为人所熟知的便是茶叶和咖啡豆。

咖啡在英国于1601年首次被记载。中文的咖啡是英语coffee的音译。咖啡虽然能使人兴奋，但不会导致情绪失控，能使人清醒。所以，上到贵族、名人、知识分子，下到普通民众，咖啡馆都是很好的去处。曾经的牛津咖啡俱乐部就是英国科学摇篮皇家学会的前身。在咖啡馆里，你可以获得知识，交换新闻，了解世界，一方面说明咖啡的价值潜力，另一方面也说明伴随着思想的解放，咖啡馆在当时是多么受欢迎。

二、茶与咖啡蕴含的人文色彩

在中国和西方，茶或咖啡已经不只是普通饮料，更像是一个载体，承载了各自国家、地区、民族的性格、风貌与情感，承载了其独特的文化思想、人生志趣，由此拥有了独特的文化内涵。

茶是大自然给予人类的美好馈赠，它清净平和，高雅芬芳；茶中有意，茶中有礼，茶中有道。中国茶文化具有以和为贵的精神内涵。中国人以茶会友，客来敬茶。

中国人（尤其是文人学士）把烹茶、品茶当作展示高雅素养、表现自我的艺术审美活动，不仅严格要求茶叶的色、香、味、形，还要求茶具的色彩、式样、质地。正是在这样考究的烹茶、饮茶中，在茶水清淡的滋味里，承载着中国文人悠然潇洒的生活情趣和宁静致远的品德修养，承载着中国传统文化的中庸之道和清静无为等思想。

从深层次来说，茶道是咱们中国人骨子当中隐藏的一种含蓄清明之美。老祖先认为，世间万物都有迹可循，比如，古人用阴阳学说来解释生老病死和天地变化，这一切都蕴含在茶道之中，也就是“从小处着手、大处着眼”方法论的反映，一杯清茶映出的是一个世界。用现在的一句时髦话来说，就是“哥喝的不是茶，而是人生的酸甜苦辣”。

在几乎不产咖啡的欧美，人们则对咖啡这种外来饮品十分青睐，形成了十分独特的咖啡文化，甚至能够与中国的茶文化相提并论。在西方人的日常饮食生活中，咖啡不仅被看作消除疲劳、有益减肥的普通饮品，还被看作文艺灵感的源泉、优雅品位的体现，是一种浪漫温馨、充满人文色彩的奇特饮品。一位消费艺术家曾自述道：“我不在家，就在咖啡馆；不在咖啡馆，就在去咖啡馆的路上。”可见咖啡在西方人日常生活中的地位，人们对它的喜爱达到近乎痴迷的境地。在西方，“在巴黎喝咖啡”是浪漫、高雅的贵族式生活的代名词。

第六节　中西服饰文化比较

一、人类服饰文化的形成

在讨论服饰文化之前，应弄清几个近义词的异同：衣裳、衣服、服装和服饰。“衣裳”是个常用词，其中的“衣”指的是上衣，“裳”指的是下衣。“衣服”有狭义和广义之分，狭义指衣裳，即上衣和下衣，广义指服饰，现在通常用它的狭义。“服装”为衣服鞋帽的总称，通常包含审美元素，即不仅要用衣裳遮羞、御寒暖体，还要穿得漂亮、有品位。我们可以说“服装文化”，但更多时候我们说“服饰文化”（clothing culture）。“服饰”指衣着和装饰，不仅包括上衣、下衣，还包括鞋、袜子、帽子、围巾、领带、皮带、手套、提包，等等。

一个人的服饰会显示出这个人的个性、审美观、身份和生活态度；一个民族的服饰会显示出这个民族的服装理念、精神追求、审美观和礼仪。

人类社会在形成服饰文化之前，经历了几十万年的蒙昧岁月，终于艰难地跨进了文明时代的门槛，懂得了遮身避羞。而追求美是人的天性，几乎是从服饰起源的那天起，人们就已将审美情趣、文化心态沉淀于服饰之中，形成了各具特色的服饰文化。

简而言之，穿衣有四个功能：遮羞、御寒、审美、标志。基督教认为，人类的祖先是不穿衣服的，人类的始祖亚当、夏娃是赤身裸体地在伊甸园里生活。在伊甸园里，除了不能吃中间那棵树的果实外，没有任何禁忌，所以他们自由自在地生活着。有一天，受蛇的引诱，他们偷吃了禁果，于是突然变得有了思想，有了羞耻感，有了七情六欲，急忙摘了几片无花果的叶子挡住私处。由于他们违背了神的旨意，被驱逐出伊甸园。在伊甸园里，没有严寒酷热，没有风雪冰雹；但在自然界中有严寒风霜，生存环境极其恶劣。人类不得不用树叶、藤草、兽皮等编织成所谓的衣服御寒暖体。在经历了漫长的岁月之后，人类学会了用麻纤维织衣服，这时也多多少少融进了审美元素。随着进化和发展，人类学会了用多种原料制作衣服，文明出现了，穿衣不仅仅是为了遮羞和御寒了，还具有了审美情趣和功能。随着文明的进步，衣着也成了身份的标志。在中国古代，不同的官阶穿不同款式、图案的衣服。

二、代表中国服饰文化的中山装、唐装和旗袍

“中式服装的款式特点是由中国特有的文化和东方人身体结构特点决定的。中国人属于黄色人种，人体的胸、腰、臀曲线不明显，再加上中国人讲究自尊、含蓄、中庸的性格，反映到服装上，以宽衣肥袖、连身平袖直腰身的平面裁剪方法为主。”[①]中式男装上下连袍洒脱自如，洋溢着中和之美；女子着短襦、长裙，强调气质，具有神韵之美。

（一）中山装（Chinese tunic suit/Sun Yat Sen suit）

2016年2月29日，民革中央向全国政协十二届四次会议提交提案，建议将中山装作为国家正式礼服，中山装再次进入人们的视线，掀起了一阵热潮。1929年4月，中山装经国民政府明令公布为法定制服，曾规定一定等级的文官宣誓就职时一律穿中山装，以表示尊奉孙中山先生之法。20世纪50年代以后，中山装成为从国家领导人到普通老百姓的正式服装。作为民国时期最具有特色的中华民族服饰，中山装究竟具有怎样的时代背景和政治含义？中山装，以中国民主革命的伟大先行者孙中山先生命名，是综合了西式服装与中式服装的特点而设计出的一种服装，下身配西式长裤，一度成为很多中国男子最喜欢的标准服装之一。

中山装的形制经过几次更改，现为立翻领、对襟、前襟五粒扣、四个贴袋、袖口三粒扣、后片不破缝。这些设计其实是有讲究的，赋予其特定意义。其一，四个口袋象征着中国传统文化的“国之四维”，即

① 苗靖：《浅谈中西方服饰文化的异同》，《美术大观》2007年第11期，第76页。

礼、义、廉、耻；其二，四个口袋上的四粒纽扣表示人民拥有的四权，即选举权、创制权、罢免权、复决权；其三，口袋上面弧形中间突出的袋盖代表重视知识分子；其四，袖口三粒扣代表着三民主义，即“民族主义、民权主义、民生主义”；其五，衣领为翻领封闭式，表示严谨的治国理念；其六，背部不缝缝，表示国家和平统一之大义；其七，前襟的五粒纽扣象征孙中山先生提出的五权宪法学说，即立法权、司法权、行政权、考试权、监察权，其中前三项来自三权分立制度，第四项考试不仅指学校的考试，更是指社会上录用人才的考试，第五项监察类似于现在我们所说的纪检监察。

中山装具有中华民族的特点，穿着简便舒适，挺阔大气，曾一度被世界公认为中华人民共和国的国服。毛泽东对中山装很欣赏，他一直坚持穿中山装，因而又有国外朋友称中山装为“毛式制服”或“毛装”（Mao suit）。中山装作为中国人一度推崇的礼服，同时也承载着一种文化、一种礼仪、一份民族自尊和自豪感。

（二）唐装（Tang costume）

唐朝是世界公认的中国最强盛的朝代之一。在唐朝，君臣百姓皆穿长衫、长袍，妇女服装主要是窄袖衫襦、长裙。唐朝服饰具有鲜明的特色，是盛唐的重要标志之一，是中国文化光辉灿烂的一页。但唐装并不是唐朝的服装，它是结合中国文化元素并吸收了西方裁剪特点的一种服装。海外华人聚居的地方一般都叫作“唐人街”（Chinatown），在西方人眼中，在唐人街居住的华人所穿的衣服自然就是“唐装”了。唐装流行于明清时期，不仅做工考究，而且雍容华贵。侨居海外的中国人对这种着装文化的热衷，让更多的外国人了解了中国人的服装特点。于是，外国人便把唐人街华人所穿的有中国特色的服装称为唐装。它的特点是立领、对襟、盘扣、连袖，下摆开衩，纹饰以团花、梅兰竹菊为主，整体没有接缝；女装现在都有收腰和胸省等现代造型。唐装简约大气，穿着便捷，比较容易融入人们的生活；唐装上衣里面衬高领衫，可配以西裤、皮鞋。

脱胎于传统服饰，清朝时期的服饰遵循天衣无缝的美学思想，尽量减少拼接，强调男女的人体特征，突出浑然一体的精神气质，具有飘逸动态之美。到了20世纪20年代，服饰文化受到西方裁剪方法的影响，出现了凸显腰身的旗袍和中山装，强调人的曲线美。如今的唐装已经在传统工艺的基础上加入了现代的流行元素，更富活力，更贴合人的形体之美，更加符合现代人的审美观。质量上乘的唐装多采用外观平滑光泽、质地柔软的真丝织锦缎，穿着轻薄舒适。

唐装不仅是传统与现代的结合、祥和喜庆的代表，也是中国在国际大家庭中地位与风度的体现。2001年上海APEC会议上，中外领导人身穿我们中华民族特色服装唐装，场面甚为壮观，国人喊出了“穿中国人自己的服装”的豪情口号。唐装在国际时装界也掀起了一股中国风，它以丰厚的文化底蕴、细致的面料及独特的剪裁，向世人诠释了一个全新的中国服装概念。

唐装保留了中国传统文化的韵味和西方流行元素，在美国开展的中国传统文化活动中，唐装随处可见，成为各阶层人士的选择。我们高兴地看到中国服饰文化在欧美流行，中华文化越来越绽放出独特魅力。

（三）旗袍（Cheongsam/Qipao）

旗袍是中国传统服饰，被誉为中国国粹和女性国服，它是中国悠久的服饰文化中最绚烂的现象之一。有人说，一个女人美不美，就要看她穿上旗袍的样子。与唐装和中山装一样，旗袍款式也有一个演变过程。旗袍是从春秋战国时期的深衣逐渐演变而来的。深衣是古人上衣下裳合二为一的衣服，经过千年的演变，深衣发展出了很多形制。到了清代，满族女子的衣服继承了深衣的主要形制，才发展为旗袍。关于旗袍的定义，《辞海》上是这样写的：“满族服饰。满语称‘衣介’。原为清满洲旗人妇女所穿的一种服装。无领、箭袖（马蹄袖）、左衽、束腰为其特点。下摆不开叉，衣袖八寸至一尺。左边绣有彩绿。辛亥革命后，汉族妇女也普遍采用。经过不断改进，一般式样为：直领，右开大襟，紧腰身，衣长至膝下，两侧开叉。有长、短袖之分。”[①]到了民国初期，旗袍设计依然相对保守，保持着上衣下裙的形制。到了20世纪30年代，旗袍款式才开始发生明显变化，更追求曲线美，终于迎来了黄金时代。旗袍彻底舍弃了上衣下裙的形式，改为衣裙合一的设计方案，并且采用了大胆的侧边开衩设计。另外，旗袍的袖子进一步缩短，近乎无袖，领子也降低了高度，使得旗袍整体设计显得传统而性感，穿着爽身合体，完全呈现出了东方女性的轻盈秀美、端庄大气。至此，旗袍款式基本定型。同时，旗袍也衍生出了各种制式和流派，主要有海派、京派、苏派和粤派等四大流派。

遗憾的是，“文革”期间，旗袍被视为“封建糟粕”“资产阶级情调”，受到冷落甚至遭到批判。20世纪80年代初期，旗袍复兴，1984年被国务院指定为女性外交人员礼服。从1990年北京亚运会开始，历次国际会议和国际体育赛事都选择旗袍作为礼仪服装。旗袍穿过岁月，已然成为中华服饰文化的符号，承载着中华文明的独特魅力。从旗袍的演变轨迹，可以看到万变不离“民族性”之宗；旗袍最适宜东方女性，它所表现出的含蓄、内敛的美学特质，更适合东方人不事张扬、淡雅中和的民族心理。

旗袍是穿在身上的一种语言，是一张行走的文化名片。张爱玲喜欢旗袍，写出经典名句：“衣服是一种语言，随身带着的袖珍戏剧。”林徽因喜欢旗袍，一生与旗袍相伴，可谓“一身诗意千寻瀑，万古人间四月天”。穿旗袍不仅能彰显女性独特的魅力，更能展示出一种东方气韵。

穿着旗袍的仪态可以归纳为五个字：收、立、提、松、沉。挺直

① 陈至立主编《辞海》，上海辞书出版社，2020年，第3419页。

腰背，方能体现旗袍的大气之美，要做到挺而不僵，柔而不沓，亭亭玉立。站立时，面带微笑，眼睛平视，双肩平稳，双臂前后自然有节奏地摆动，最好能让头、双肩、腰部、小腿肚、脚后跟五点一线垂直；行走时，重心稍向前倾，走出一条直线，速度适中，不宜太快，要有从容的气度；入座时，尽量注意轻、慢，同时用手捋顺旗袍的后面，避免出现褶皱，双腿不要叉开，自然并拢放在一起，稍微倾斜，随时保持优雅的仪态。

展现旗袍之美与一个人的文化背景、内涵修养、性格特质密切相关。旗袍之美，丰富多彩，无可穷尽。旗袍有八美：自然之美、含蓄之美、婉约之美、独立之美、知性之美、书香之美、高雅之美、端庄之美。穿旗袍可以体现内在的涵养和外在的美感，是文化对心灵的润育。旗袍的最高境界是内外之统合，是才情与气质的浑然天成，是文化支撑下美的充实与饱满。一袭青衣染就一树芳华，两袖月光诉说绝世风雅。

且看一台台的旗袍秀，无法不为旗袍之美所震撼。一举手，一投足，都风情万种，婀娜可人。在模特们回眸一笑间，飘逸出来的那丝丝缕缕的百年神韵，让人觉得中国的旗袍女人真可谓风华绝代、倾国倾城。旗袍历时300余年，经过传承与改良，如今走向了国际舞台，与西方服饰文化交映生辉，受到各国女性的青睐，成为中国文化的一个闪光的符号。

三、代表西方服饰文化的燕尾服、西装和牛仔裤

“西式服装的款式特点是由西方讲求实用、突出个性的审美思想和西方人身体结构的特点决定的。大部分西方人属白色人种，人体的胸、腰、臀曲线明显。西方的服饰强调科学性，张扬个性，崇尚人体美。反映到款式上，以适合人体的收腰、隆胸等设计为主。”[①]与中式服装不

① 陆婷婷：《民族服饰——民族文化的符号形式》，《美术教育研究》2014年第13期，第54页。

同的是，西式服装的廓型更符合人的体形。男子着上衣下裤的套装；女子着上下连属的裙装。这种设计风格尽显人体曲线之美，令人赏心悦目。

（一）燕尾服（Tailcoat）

燕尾服是西方男士礼服，它出现在国外一些正式、隆重的场合，比如国家级典礼、授勋仪式、国事访问，以及古典音乐的指挥、大型交际舞比赛、婚礼仪式等。男士礼服分为三种：正式礼服之王——燕尾服，半正式礼服——塔式多礼服（Tuxedo，俗称Black Tie），晨间最高级礼服——晨礼服（Morning Coat）；三者也可以被称为大礼服、小礼服和晨礼服。燕尾服是男士晚间六点以后在正式场合穿着的服装，是最正式的晚间大礼服。在正式宴会的邀请函上标注的“白领结”（White Tie）就是指要穿燕尾服之意。白领结所代表的是最正式、最传统的着装规范。燕尾服也称晚礼服，晨礼服是男士白天在正式场合穿着的大礼服，与燕尾服级别相同，在晚上六点之前穿。燕尾服和晨礼服的款式特点是前身短、后身长，具体来说就是前身短至腰部，后身长至膝关节；在前身设有三粒纽扣，但是在穿着时一粒扣子都不系；搭配白色蝴蝶结，同时要搭配白色手套及白色胸巾，脚穿黑色袜子及漆皮皮鞋。燕尾服与晨礼服的区别是，燕尾服上下身需穿同色套装，晨礼服上下身不同色，黑色上衣搭配深灰色条纹裤子。

燕尾服起源于18世纪初的英国。骑兵骑马时，感觉长衣不便，他们便将其前下摆向后卷起固定住，此举被许多骑兵相继仿效。后来人们觉得这种前摆短、后身长的款式很是美观和时尚，它便很快在贵族阶层及平民百姓中间流行起来，正式的燕尾服就产生了；到了18世纪末、19世纪初，燕尾服成为风靡欧美的流行时装。

燕尾服严谨、传统，款式几乎不受流行趋势的影响，它的变化始终在其程式化的范围内。从燕尾服和晨礼服的整个造型风格和搭配特征来看，它们的礼仪级别要求上虽然是相同的，但燕尾服更加优雅华贵，更具有艺术或人文的情感；晨礼服则显得庄重肃穆，展现了厚重内涵和独特的气质。

（二）西装（Western-style clothes）

西装是目前全世界最流行的一种男士服饰，也是男士在正式场合着装的优先选择。西装可以从四个方面溯源。“其一，西装是来自欧洲的一种渔民服装，他们常年在海上劳作，穿长领少扣的衣服非常方便，适于海上捕鱼。其二，西装中背后开衩的燕尾服，原是中世纪欧洲车夫的装束，出于骑马方便的考虑，就在上装的后面开了一条衩。其三，西装领带则是由古代军人防护咽喉重剑的甲胄演变而来的，据说是古代住在深山老林里的日耳曼人为了防止披在身上御寒取暖的兽皮掉下来，就用草绳搭在脖子上，这是最早的领带。其四，西装衣袖帘上的三颗纽扣，传说与拿破仑有关。这些原始的衣着后来随着社会的发展，逐渐演变成现在的西装。”①

如今的西装一半在于做，一半在于穿。一套得体的西装，做工要求是很精致的。一个人要穿出它的风格和韵味来，只需要得体地穿好它。怎样才算得体？其中有着一些约定俗成的密码。第一，西装，尤其是正式西装，都有相应的配服和配饰，要穿好衬衫领带，白衬衫是在重大场合必穿的。第二，在颜色选择上，深蓝色是正式西装绝对的首选，是各种商务活动中穿着比例最高的，其次是黑色、灰色，当然也可以选择条纹面料。第三，穿着西装时手臂自然下垂，西装的袖子要比衬衫短一到二厘米；无论你怎么动，手臂衬衫袖子的白边总是能看到才好。第四，在穿鞋的状态下，理想的裤长是裤脚稍稍触碰鞋面，裤脚触碰鞋面所形成的褶皱，被称为“折痕”。第五，鞋子，黑色牛津鞋是正装首选，皮带的颜色要和鞋子的颜色一致。第六，袜子的颜色要与裤子的颜色一

① 敬静：《西装廓型演变史初探》，《艺术科技》2009第7期，第134-135页。

致，选择黑色袜子，切忌白袜子。第七，在面料选择上，西装首选纯毛的，这样穿得挺阔，避免沾身。第八，在款式选择上，一般选单排扣和双排扣；中国男士的选择以单排扣为主。第九，最后一粒扣子永远不要扣，马甲的最后一粒扣子也永远不要扣，坐下时记得要解开西装的扣子；如果是双排扣西装，任何情况下都要扣好扣子。第十，坐下来时，不管你是不是跷二郎腿，只要露出腿上的皮肤和腿毛，在正式场合就会被认为是失礼。

西装分美式、英式和意式三种。一、美式西装的特点是方正不收腰，宽松舒适不约束。虽然美国是崇尚自由的国家，但是他们在正式场合也很少着美式西装。二、英式西装是最正统的，讲究立体边线和简单利落，是西装革履的标准写照，最大的特点是肩膀直角、垫肩较厚，穿起来也显得更挺拔。由于做工精细、花哨，面料颜色沉稳厚重，这种款式受到了广泛的欢迎。三、意式西装较薄，也更贴合身体。有些意式西装后背内衬只有前面的一半，很多都是单层没内衬设计；色彩奔放，形态洒脱，彰显了浪漫精神。英式西装背后都是双开衩，传统意式西装不开衩，但近些年开衩是潮流，所以意式西装也学会了英国的风格，同时英式西装还更收腰一些。从设计上来说，中国人更适合意式西装，而英式西装更适合肩宽腰细的男模身材。

（三）牛仔裤（Jeans/Close-fitting pants）

作为永不过时的经典服装之一，牛仔裤也有着跌宕起伏的历史。1850年，美国西部发现了大片金矿，于是无数想一夜致富的人如潮水一般涌向那个曾经人迹罕至、荒凉萧条的西部不毛之地，其中包括德国的两个移民李维·斯特劳斯（Levi Strauss）和雅各布·戴维斯（Jacob Davis）。曾经荒凉的西部，到处都是淘金的人群，到处都是帐篷。这么多的人蜗居在一个个帐篷里，能实现发财梦吗？能满意而归吗？李维陷入了深深的思考之中，于是他决定还是踏踏实实地定下心来开一家日用品小店，不出所料，生意还不错。由于淘金的工作环境十分艰苦，裤子经常被石头和沙土磨破，矿工们很希望李维能卖一种既结实又耐磨的裤子。于是他灵机一动，用防水布制作了一种式样新奇的工作裤，1853年第一条日后被称为牛仔裤的帆布工装裤在李维手中诞生了，其坚固耐磨的特点获得了当时西部牛仔和淘金者的喜爱。雅各布进一步强化了这种牛仔裤的耐用性，通过添加铆钉来防止受力点的缝线松脱。事实证明，“坚不可摧”的牛仔裤非常适合工人们高强度的劳作。

第二次世界大战期间，美国把牛仔裤指定为美军制服，一批批的牛仔裤被运往欧洲。由于这种裤子美观实用、耐磨耐穿，又价格便宜，所以在盟军和当地民众中备受欢迎。20世纪，牛仔裤的风尚转变得令人摸不着头脑，先前被视作干活必备的牛仔裤突然变成了时尚潮流的标志。街上的男男女女穿起了牛仔裤，证明自己是时尚的弄潮儿，从而使牛仔裤在欧洲各地普及流行开来。再加上好莱坞等地流行文化的带动，在20世纪60—70年代，牛仔裤成为一种时尚的标志；在80年代的中国也掀起了牛仔大喇叭裤的风潮。这种臀部滚圆、裤腿小结的裤子令那个时代的老一辈人难以接受。但随着时间的推移，这种原本用于做粗活时穿的裤子逐渐受到全世界人们的喜爱。

四、中西服饰文化的交流与融合

改革开放40多年来，中国的饮食文化基本没有受到西方饮食文化的影响，酒文化也没有受到西方酒文化的影响，茶文化也没有受到西方咖啡文化的影响；但服饰文化却在很大程度上受到西方服饰文化的影响，改变着中国人的服装设计理念、审美情趣和穿着心理。当然，中西服饰文化是相互作用和影响的。

20世纪80年代以来，随着改革开放的蓬勃发展，中国迎来了一个全新的“西风东渐”的中西服装交融新时期，影响巨大。这种交融发端于70年代末的东南沿海城市，进而辐射到全国各地。

（一）西装热

《中国服装》杂志在1988年第1期通过文字和彩色图片报道了党的十三届一中全会全体政治局常委都穿西装的消息。此后，西装的普及面进一步扩大，社会各行业的人士都以西装为时尚着装。这一次西装的流行与20世纪初西装的流行有所不同。一是随着经济条件的改善，流行普及面广，西装流行在不同年龄层之间、不同社会层面之间，成为世界性的现代服饰文明的一部分；而20世纪初的服饰繁荣只局限在大城市的上层。二是在观念上，人们普遍接受了西装作为国际通用男士礼服的标准样式，并且逐步接受了其规范的穿着方式。

（二）牛仔裤

牛仔裤作为现代西方生活方式在服装领域的精神载体，在20世纪70年代末期至80年代初期，以极其迅猛的势头，在我们这个古老的东方国家登陆了。它的到来使得中国民众改变了穿着、装饰的固有观念，使着装一向矜持、拘谨的中国民众迈出了具有里程碑意义的一步，一种质朴的、功能化的、便装化的生活方式正在形成。牛仔裤之后，夹克、风雪衣、T恤衫和外穿羊毛衫等西式便装也一拥而入，中国开始了便装化和成衣化的风潮。

牛仔裤与20世纪初就曾进入过中国的西装不一样，前者源于国外的劳动阶层，而后者来自国外的上层社会。所以，西装在中国的流行带有通用化、商业化和自上而下的流行走向；而牛仔裤则不然，它表明中国民众已经接受了平民化的自下而上的流行走向。国内女装也快速地融入了国际性的时尚潮，女性精神面貌焕然一新。进入20世纪80年代，国内不少企业承揽了加工业务，这些产品的绝大多数返销国外，也有一小部分流入国内市场，相对于国货显得非常时髦。虽是出自同胞手中却彻头彻尾由洋人设计的洋装，无疑是国内服饰市场的一个重要组成部分。同时，新闻传播媒介的影响和越来越多的对外交往，使得国内的消费者能够直接感受到包括着装方式在内的国外生活方式。于是，人们可以通过国外亲友带回或寄回产品，可以通过能工巧匠仿制，可以通过国外企业设在我国大中城市的专卖店来取得仅比西方人稍稍滞后一段时间的时装。在世界经济中心转移、我国改革开放以来形成巨大消费力的背景下，世界顶级品牌企业看准了商机，引领一大批外国企业纷纷进入中国市场投资建厂。

改革开放给中国带来了一个崭新的时代。观念的更新、文化的繁荣、经济的高速发展和人民生活水平的迅速提高，为服装多样化的流行提供了极好的条件，为服饰文化的交流与发展提供了可能。几十年来，从西装热到运动装热，从喇叭裤到萝卜裤、牛仔裤，从高跟鞋到耐克、阿迪达斯，花样翻新之快、流行之广、消费者接受能力之强，令人始料未及。

（三）中西服饰文化的互补性

西方拥有充足的经济实力、良好的技术手段和先进的设计理念，这些因素使得西方服装长期以来在世界上很有影响，中国在改革开放的时代大背景下融入西方服装潮流也不是偶然的。我们同时也要注意到，中国的服装和服饰文化，也反过来对世界其他地区产生了巨大的影响。中国不仅是世界先进服饰文化的输入地，而且也成为服装与服饰文化的输出地。中国服装与服饰文化可以走向世界的理由，一是具有悠久的历史传统，有着挖掘不尽的内容；二是具有包容并蓄的文化底蕴。

中国服装行业拥有巨大产能，中国服装走向世界的意义是巨大的。通过服饰文化的对外辐射，中国可以改变服装行业当前被动的状态，谋求真正意义上的服装出口，取得本该属于我们的高附加值。可以说，在西方服装改变了中国民众日常穿着样式的同时，中国风格（不管是传统的还是现代的）也触动了西方的服装设计理念和服饰文化。从形式上看，改变了服饰文化交流与融合自西向东的方向单一性，而深层次的意义在于中国文化与世界文化的交融。

第八章　中西建筑雕塑文化之比较

第一节　中西建筑文化的表现特征

建筑被誉为“凝固的音乐”“无言的诗”“立体的画”。建筑是人类文明发展的重要载体，是文化的物质组成部分，也是精神世界的寄托。不同建筑承载着不同的文化，建筑直接对人们的生理和心理施加影响，起着能动的熏陶和塑造作用。中西建筑，无论是历史渊源、设计理念，还是建筑材料、建筑功能等方面都存在着明显且巨大的差异，这种差异反映了西方人与中国人截然不同的哲学思考、文化心理等。

一、建筑材料的不同

中国古代建筑材料以木材为主，空间上宜于横向发展，成为“木材的史书”；而西方则以石块为主，宜于向高空发展，称为“石头的史书”。建筑材料的差异取决于地理环境和人文风俗。中国黄河流域一带，从秦到唐，长安一直是重要的经济文化中心。杜牧的《阿房宫赋》曾写道“五步一楼，十步一阁，廊腰缦回，檐牙高啄”，也从侧面印证了当地土木资源储量丰富，易于就地取材建造。建筑为木构架，所谓“墙倒屋不塌”，说明墙不承重，是由木构架来承重的，可见在中国传统建筑文化中，木材是多么的重要。

中国人认为阳是木，木是阳；木代表生机，土承载万物，所以只有将这二者结合才能建造房子。相反，西方则以石为主，认为石头坚硬高贵，更符合他们期望恒久的信仰。中国人一般不用石头造房，陵墓才用石头，为什么？风水学认为，石头在五行中属阴。自汉代以来，凿山为陵；中山靖王汉墓都是凿山为陵，把山洞挖开，成为陵墓。石头房子从科学角度看不宜住人；现代科学发现，住在石头房子里的女人怀孕周期就相对比较短，对孕妇不利。反之，风水学认为，木头是可以生火的，在五行中属阳，讲究生发，对孕妇是有好处的。中国古人热衷于木建筑的另一个原因是木建筑比石建筑更容易建造，大型石建筑往往要花费几年甚至数十年的时间去建造。

古希腊、古罗马位于地中海沿岸，本土属于狭长的半岛，周围分布着大量的零碎海岛，还有著名的维苏威火山，石灰岩和大理石储量丰富，属于地中海气候，湿润的海风夹杂着海盐的侵蚀，如果使用木质结构更容易被腐蚀，所以用石材建筑更易于保存维护。罗马人除了使用现成的石块，还发明了用火山灰、石灰和沙石混合而成的混凝土，从而为建造罗马式巨大的拱券建筑提供了物质技术基础，也为之后建筑材料的发展作出了贡献。石头是一种密度很高的建筑材料，足以承担巨大的压力，宜于向高空发展，可以修建多层建筑，而且使用寿命很长；缺点是材料不易寻，施工周期长。

西方古代的建筑材料主要为砖石，砖石的质地是比较坚硬的，耐腐蚀性也相对较强，但自身重量比较大，所以砖石结构的建筑可塑性不是很强。看一看西方现存的教堂和古堡的样子，就能明白砖石结构的特质了。中国古代建筑以木质为主，耐腐蚀性比较差，而且受温度、湿度的影响很大，不过它的可塑性很强，所以中国古代的建筑样式是多种多样的。

在墙壁浮雕方面，石建筑对雕刻非常苛刻，木建筑的雕刻更容易操作。在通风和散热方面，由于石建筑是带有防御作用的，因此比较封闭；而木建筑的通风能力强，散热快。此外，木建筑的雕刻程度更高，更加复杂，再加上独特的造型，中国的木建筑在世界建筑史上独树一帜。

中国人受儒家思想的影响很深，对木建筑情有独钟。但从历史发展来看，中国古代对石建筑并没有放弃。虽然在一些皇宫中以木建筑为主，但石建筑同样不少，一些石雕同样栩栩如生。而对于围墙，中国都是采取石建筑，著名的万里长城更是独一无二。距今已有1400多年的赵州桥全部由石头建造，它跨越了37.02米的宽度，从这里可以看出古人对石材料的运用技艺之高。

传统西方建筑，比如罗马万神庙、斗兽场等，更像是标本般的存在。换句话说，它们的使用功能已经消失了，就算可以保留几千年，但始终是冰冷死寂的。而中国古建筑得以保留的前提是什么？是人气。人们一直在使用，而且是不断地使用。五年一小修，十年一大修，甚至几百年以后，原来的建筑构件大部分都被替换，但建筑本身仍在。就像人的身体，每天都在进行新陈代谢，一部分细胞被淘汰掉，新细胞取而代之，生生不息。

二、中西建筑空间布局的不同

如果说中国建筑占据着地面，那么西方建筑就占领着天空；如果说中国建筑注重的是平面，那么西方建筑注重的就是立体。

西方宗教建筑非常高，非常尖，最典型的就是基督教的教堂，其中有一种建筑形式叫哥特式建筑，给人以刺破苍穹般的感觉。一进入哥特式教堂建筑中，你就会觉得灵魂好像要脱离大地升到天国。哥特式教堂中的钟塔、尖顶、飞券，都呈现高耸、尖长的视觉效果，教堂内部空间十分高旷挺拔，给人以庄严神圣之感。西方传统建筑是外向的，城市往往以广场为中心，四周的建筑向外敞开，站在广场上就可以看到建筑全貌，更突出单体建筑的存在感，玩的是立面空间艺术。梁思成先生针对中西方建筑的特点，给出了形象的比喻：看西方建筑就像看油画，可以从一个固定的视角观察到建筑的全貌；而中国建筑则像一幅卷轴画，要一点点展开画面，在这个过程中我们才能体会到画中表达的空间感。

中国建筑与世俗文化紧密相连，几乎延续了相当一致的美学风格；以木质构架为主要结构方式，讲究左右对称，在视觉及空间艺术上，以风水布局寓意天人合一，封闭的庭院呈现出以单体建筑的协调换取整体环境的和谐统一，不追求单座建筑的高耸入云、突兀独立，注重虚实结合的群体空间布局，多组建筑围绕一个中心空间构成，层层深入，重视建筑组群平面展开的有机配合和相互衬托。

中国建筑布局一般遵循一条中轴线，沿着中轴线逐渐展开，强调主次分明、平衡对称，在整个规划上表现出综合性思维和整体性思维。中国建筑的空间设计风格是内向的，无论是庞大的宫殿建筑群，还是体量或大或小的民居四合院，从外面看无法统观全貌。庭院深深，树木葱茏，只有在一步步的行进中才能感受到佳境渐渐呈现，情绪也随之被调动起来，直到最后进入中心院落，情绪达到高潮，在这一瞬间，人与建筑融合在一起。

除此之外，中国还有一种绝对自由式的院落布局，最典型的就是江南的园林。相比宫殿、寺院，园林的规划就自由得多。亭台楼阁、水榭长廊，依假山、土丘、林木、水池而建，不必考虑轴线与对称，在较小的空间中构建丰富的景观，以小见大，展现出文人的意趣。相比之下，西方的宫殿与花园，虽然建筑引人注目，但在平面布局上就不如中国丰富了。

“群体和谐的思想是中国建筑美学的特征和独特的建筑理念，因此，中国建筑以向水平方向发展为主，极力削弱个体建筑的突出，这种形式的布局不是以单体建筑的造型取胜，而是以群体的对称呼应错落有序，形成整体气势，中国人有着令人惊讶的对建筑群体的驾驭能力。”①

中国传统建筑的文化特征来自自身文化属性，强调群体意识，建筑

① 胡勤：《中国传统建筑的伦理意蕴》，博士学位论文，湖南师范大学哲学系，2010年，第76页。

文化和艺术形式都自成一脉，独领风骚。中国古代推崇“天人合一”思想，因此十分重视建筑的风水学说，这一点在一些园林建筑上有着充分的体现，“虽由人作，宛自天开”，强调因地制宜，妥善选择位置，与自然环境相协调和融合。

文明之间的物质差异反映的正是思想文化的差异，建筑也是如此。中国的传统建筑，单体样式虽受到一定限制，且要服从建筑群的布局规划，但最终用许多相似的建筑造就了庞大复杂的宫苑与城池，令人叹服。这正是大一统观念下，儒家文化中宗法礼制与集体性的体现。而西方传统建筑虽缺乏布局上的统一，但单体建筑宏伟壮观，立面雕琢精巧优美，每座建筑都仿佛在奋力炫耀自己的气魄与魅力。政权的分散也让各个地方发展出自己的样式，这背后正是个体自由的体现。

三、中西建筑的心理投射

对中西传统建筑的外观结构造型，人们有着不同的主观心理感受和审美体验。

中国传统建筑深受儒道思想文化的影响，儒家讲“中和”，道家讲“道法自然”，中国建筑风格以“和谐”之美为基调。比如，故宫以匍匐于大地的庞大建筑群体，象征着君权统摄中华大地的绝对权威，给人以一种富丽堂皇而又气势恢宏的美感。故宫设计讲究中轴对称、纵深布局、三朝五门、前朝后寝，象征了九五之尊、皇权至上的思想。

中国的社会环境，受周礼之制影响，等级结构森严，自然也会影响到建筑艺术，连民用建筑格局也有着长幼尊卑顺序，强调伦理附属关系。比如四合院，同样具有严格的轴线对称的格局，轴线上的后院正屋为长辈起居处，两侧厢房是晚辈住所，前院为下人住房和客房，体现家族人文秩序，强调尊卑顺序，带有强烈的封建伦理色彩。中式建筑风格讲究平衡，多采用对称式造型，空间上讲究层次，多采用隔窗、屏风进行分割，多采用龙、凤、龟、狮等动物造型作为图案雕饰；整体风格是内向的、封闭的、严谨的，追求内在的含蓄和私密性。

西方建筑的材质、语言、美感、手法传统，深深嵌入宗教信仰文化之中。西方建筑更多是受宗教、皇权的支配，是神权的反映、皇权的体现；附着神权对人的心灵的统摄，给人一种心灵激荡、飞升超拔的美。建筑作为艺术的重要组成部分，既是现实中物质性的存在，又是精神中意识性的延续。古希腊哲学家普罗泰戈拉曾说过：“人是万物的尺度。”古希腊建筑最显著的特点就是以人体作为尺度参照，高耸的石柱支撑厚重的大跨度屋顶，形成丰富发达的内部空间，又象征着对力量的崇拜，赋予建筑一种向上和四周扩张的气势，突出柱式变化，强调个体的表现，与周边自然环境形成鲜明的对比。西方的建筑史可以说是神庙和教堂的历史，如拜占庭式（Byzantine）建筑、哥特式（Gothic）建筑、巴洛克式（Baroque）建筑，表现出了永久和对立的概念，追求立体效果。教堂内外的布局、材料无不体现了西方的宗教建筑思想，整体风格是外向的、开放的，追求外在的自由性。

西方建筑将人的居所与神灵的栖息处分割开来，作为神灵栖息处的神庙与教堂，是凡人为神建造的超凡空间，对神的敬仰和对天国的追慕构成宗教建筑艺术的理想。古希腊建在雅典卫城中的帕特农神庙，就是这样一个经典。又如罗马万神殿，它由一个矩形的前殿和一个圆形的正殿组成，大殿顶部中心有一个直径九米的开口，这是大殿唯一与外部相通的采光处；有人说，身处殿中仰望穹顶，仿佛看到进入灿烂天国的入口。

最典型的是哥特式教堂，如意大利的米兰大教堂、德国的科隆大教堂、西班牙的塞维利亚大教堂等，在设计中利用尖肋拱顶、飞扶壁、修长的束柱，营造出轻盈修长的飞天感。雄伟的外观和内部的开阔空间，使教堂内产生一种浓厚的宗教气息，表现了神秘、哀婉、崇高的强烈情感。哥特式教堂的出现显然体现了中世纪的宗教狂热，高耸入云的塔顶刺破苍穹，窗户玻璃的光影变幻让室内环境扑朔迷离，这种对宗教虔诚的执着理念，也是它所从属文化的理性精神的表现。哥特式建筑的结构逻辑和构造原则展现出对意志力的不断探索，狂热的宗教美学和理性的艺术风格统一于整体建筑中，充分展现出自我独立意识，是当时城市文明的象征和自我意识的呐喊。

刘天华指出："西方建筑具有神秘的宗教色彩，而中国建筑具有调和的现实主义。西方人相信人对神灵有一种极度的虔诚，而中国人相信自己的命运掌握在自己的手中，安分守己就会平安，犯错就会受到惩罚。中国人很现实，不会过分信仰神灵，而是安安稳稳过日子，与现实相协调，就算是中国古代宗教建筑，也有着强烈的世俗色彩。"①

中西传统建筑文化有着不同的理念，一是利用石材的坚固来寄托信仰的永恒，一是发挥木质的阳气来安顿生命的栖息；一是营造空间的百年之静，一是组合院落的生活之宜；一是沟通天国的彩光之美，一是联结自然的风雨之汇。中西建筑的传统特征，既是中西方人们的生活、理想通过建筑文化进行的选择与物化，也是塑造、记录中西方文明、信仰历史的纪念碑。

四、中西建筑技术

欧洲的教堂主要有两种建筑风格，一种是尖顶的教堂，即哥特式；另一种是圆顶的教堂，即拜占庭式。圆顶建筑有佛罗伦萨的圣母百花大教堂、梵蒂冈的圣彼得大教堂、英国的圣保罗大教堂等。这些建筑都有一个特点，它们有一个很大的圆顶，称为"穹隆顶"，从里面看非常宽阔壮观，给人一种压迫感。建造这种圆顶需要一定的力学知识和技术，而在中国古代，这种建筑比较少，于是有人就觉得中国没有力学基础，所以造不出这种大圆顶的建筑。实际上，虽然中国古代石建筑并没有西方那样发达，但中国也把木建筑发挥到了极致，而且力学在各方面的运

① 刘天华：《凝固的旋律：中西建筑艺术比较》，上海古籍出版社，2005年，第98页。

用更是达到了顶峰，比如斗拱和榫卯。所以说，认为中国古建筑没有力学基础的观点是不正确的，不同的建筑利用的力学不一样，如果不掌握力学，那么建筑是无法修建的。在中国，木建筑衍生出的藻井是圆顶的另一种变化，通过木材的搭建，形成一种圆顶，再进行各种雕刻和装饰，让藻井更加绚烂。藻井在尺寸上还是小了点，但精美程度不亚于西方的圆顶建筑。从天坛内部来看，在古代中国，大型圆顶完全可以修建，只不过是木质的，用的不是石料。

西方建筑艺术的杰出成果，通常都体现在高耸入云的教堂之上；而中国建筑的辉煌成就，则往往反映在最高等级建筑的建造之中，如帝王的宫殿，其建筑通常都代表着那个时代艺术和技术的最高水平。在中国，人与神所居住的地方本质上其实并没有太大差别，无论是寺院还是道观，尽管崇拜的对象不同，但建筑的格局却基本相似，神灵居住活动的空间与凡人居住活动的空间同样都是前堂、后院、亭台楼阁，一样有山水庭院。

中国传统建筑多以木构架为主，独特的单体造型，讲究对称美、黄金分割等艺术效果，其典型特征是“框架式结构”体系。那么重量由什么来承托呢？工匠们发明了一种叫“斗拱”的构件：“在柱子上梁枋与屋顶的构架部分之间，有一层用零碎小块木料拼成的构件，它们均匀地分布在梁枋上，支挑着伸出的檐。”[①]各个构件之间的连接则通过榫卯结构来实现，立柱、横梁、顺檩等里应外合、环环相扣，形成富有弹性的框架。榫卯和斗拱堪称中国建筑的两项核心技术，是中国古人的超高智慧结晶。地震来临时，由于产生剧烈的晃动，砖石结构硬性连接的特点，就会把全部的力作用在房子上，房屋可能瞬间就会崩塌；而中国的古建筑，由于有榫卯和斗拱这两项核心技术，使得构件之间的结点形成有一定弹性的连接，可以巧妙地将外力卸掉，房屋摇晃后很快就能恢复

① 胡勤：《中国传统建筑的伦理意蕴》，博士学位论文，湖南师范大学哲学系，2010年，第51页。

原位。在中国多处可见已存在数百年的木结构建筑，比如天津蓟州区的独乐寺、山西应县木塔等，它们的抗震能力令人赞叹不已。在漫长岁月中，以斗拱和榫卯结构为精髓的中国古代建筑，历久弥新，令世界为之折服。这种设计巧夺天工，完美诠释着“以柔克刚”的东方哲学思维。今天我们生活在钢筋混凝土的空间当中，一幢幢摩天大楼就是利用了大量的组件和定风球来模拟斗拱、榫卯结构，带来了强大的抗震能力。

现代西方建筑，大多开始追求外形上的变化，可谓千奇百怪，甚至怪诞。有的像篮子（篮子大楼被评为世界十大创意建筑之一），有的像马靴，还有的像菠萝，在它们里面却有着各种现代化的设施和宽敞的空间。这种外表奇葩、科幻、荒诞的建筑冲击着人们的审美心理和审美习惯。

五、中西建筑艺术

建筑本身就是艺术，且具有很强的将不同艺术融合到一起的能力，如门窗、墙壁、天花板可以加上各种图案和浮雕。经过无数战火洗礼后的欧洲大教堂，粉饰得像一个个硕大无比的聚宝箱；在满目疮痍的狭窄街巷向上飞腾的空间，象征着超人的宗教力量，给长期饱受战争蹂躏的平民百姓以生活的信心和希望。

艺术在中国人心目中是诗意的东西，是情感的表达，而不是适用性物质的功能展示。中国人也喜欢在门窗、墙壁上搞些图案和浮雕，同时在楹联和匾额上把文学意境发挥到极致，建筑的室内外空间展示着各种类型的艺术。纵然如此，建筑毕竟无法像绘画、文学那样表达强烈的情绪效果，至少人们不会贸然地对着一栋建筑悲痛或狂喜一番。

西方的建筑设计就像是数学家跟匠人在一起做建筑，而东方不太一样，东方更像是画家、文人跟匠人合作进行创作。建筑是凝固的人类历史，融合了不同地方的文化；建筑总能让人回味无穷，总能带动我们的情绪；建筑不仅是遮蔽所，更是一种对文明的表达。

对比中西方的建筑，各有各的美，都是由自身文化决定的。西方热衷于石建筑，东方热衷于木建筑，这与民族文化、地理环境等各方面因素有关，并不能说谁的建筑更优越，只能说古人为了适应环境，会修建出更适合本民族的建筑。不同的文明都有它美好的一面，就像古建筑，中西方都创造出了留存至今的辉煌杰作，我们为此感激，因为这是我们整个人类文明的价值体现，更何况许多杰出的建筑和艺术本身就是文明交流的产物。带着寻找美的眼睛，我们才能发现美，而唯有开放包容、相互交流、相互借鉴，我们才能保持创造的活力，让建筑文化历久弥新。

世界各国的建筑文化丰富多彩，又各具民族特色。21世纪是文化多元化时代，世界各民族的建筑文化如何发展，如何与时俱进，如何既相互借鉴又保持民族特色，这不仅仅是艺术问题、风格问题，还是社会问题、价值观问题。

第二节　中西园林文化的设计理念

谈建筑，不能不谈园林。建筑是人们用土、石、木、钢、水泥、玻璃、塑料等一切可以利用的自然原料和人工材料建造的构筑物。园林就是在一定的地段范围内利用并改造天然山水地貌或者人为开辟山水地貌，结合植物栽培、建筑布置辅以禽鸟养畜，从而构成一个以追求视觉景观之美为主的赏心悦目、畅情抒怀的游览居住环境。建筑是主题工程，园林是辅助工程；建筑引领园林，园林衬托建筑。建筑与园林高度结合，构成一个生动而完美的画面，甚至能够达到“天人合一”的崇高境界。

世界园林有三大流派：东方园林、西方园林和伊斯兰园林。东方园林以中国、日本、朝鲜、韩国为代表；西方园林以意大利、法国、英国为代表；伊斯兰园林以西班牙、伊朗、印度为代表。西方园林包括意大利的文艺复兴园林、法国的古典主义园林和英国的自然风景园林，风格各不相同。

一座园林有三个基本的构成要素，即山水、植物、建筑。按照这三者的组合方式，园林可以分为规则式园林和风景式园林两类。规则式园林讲究形式规范，格局对称，具有明确的轴线和几何对位关系，花草树木都要加以修剪成型，表现了人类理想控制下的有秩序的自然；风景式园林的布局，则自由灵活，不拘一格，重在体现大自然风景构成的规律，展示纯自然的天成之美。法国古典主义园林是前者的典型；中国的古典园林就是后者的代表。

一、中西园林的缘起

首先看园的繁体字“園”，它就是由围墙、土、水、枝杈组成，这表明了园林的一些基本构成要素。中华民族在其幼年时期对于美好居住环境有着憧憬和向往，也从一个侧面反映了我们的先民对于园林的理解。比如中国神话中的蓬莱仙境、昆仑神山、月上广寒，无一不是古人向往之所。其中，蓬莱仙境的一池三山成为中国古典园林设计的经典主题。佛教宣扬众生修成正果后可前往西天极乐世界，这个极乐世界，也就是古印度人的理想乐园的写照。伊斯兰教的《古兰经》中经常提到安拉为信徒们修造的天园的美丽风光。基督教的《圣经》中所记载的伊甸园，是充满花草树木的一个理想生活乐园，是犹太民族对人间园林的一个理想化、典型化的缩影。西方园林建造的目标就是要打造人间的伊甸园。

随着社会生产力的发展和社会结构的变化，居住在城市中的人们为了弥补与大自然环境相对隔离的遗憾，开始利用自然材料营建更人文化的空间，使自己居住的环境更加舒适。

二、中国园林设计的美学思想

深入了解古代园林，就能切身感受到中国的古典园林有多美，那么它到底美在哪里？第一，生态和谐。顺应自然，致力于将山水、植物、建筑有机地组合在一起，追求“天人合一”。在尊重自然的前提下，改造自然，创造和谐的园林生态。第二，诗情画意。园林是融会了诗画的时空综合艺术，借鉴文学艺术的章法进行场景建设，形成了对大自然进行概括的生活山水画。第三，含蓄隽永。创作者把理念、情感融入现实的各处景物中，就如艺术作品一样，从而引发鉴赏者的情感，让人借助园林中的山水产生移情和联想，体验开阔的意象和境界。说白了，中国的园林就是中国山水画的另外一种表现方式。

一个好的园林，无论是中国的还是西方的，都必然让人赏心悦目。但由于设计理念和审美情趣的不同，西方园林给我们的感觉是悦目，而中国园林则意在赏心。西方园林更加注重形式美，而中国园林更加注重意境美。在古代园林的用途上，中国人强调私密性，享受一种静谧之美；而西方人追求世俗性，可容纳众多的人进行公共活动。

三、西方园林设计的科学理念

西方美学思想是在哲学体系下发展的，西方园林设计更多体现的是科学思想。几何对西方美学的影响巨大。几何产生逻辑，逻辑和哲学结合，在西方演变为科学；而在古代东方，由于几何学缺失，形成以玄学、美学作为审美的哲学，因此东西方审美差异化明显。西方园林和建筑强调几何学，显露人工痕迹，追求黄金比例，表达方式直白；而东方园林和建筑则强调自然，追求气韵和意境，相对含蓄，繁复优雅。整体来说，以法国为代表的西方古典主义园林体现了欧洲理性审美；对于西方人来说，从古希腊开始，美学就隶属于哲学范畴，而哲学的研究跟几何学关联非常紧密。

我们在西方园林观景的时候会注意到，园林中有非常明显的透视视角，这个透视视角，其实是用几何的方法求出来的。空间感几何关系、透视关系是造园建筑和绘画的基础。这套审美体系里有一个很明显的倾向，认为自然界中产生的美不一定是完美的美学场景的体现；有了人的理性思维的干预，最后形成的艺术作品才是最完美的，才是最好的，这是其审美基础。

中西园林设计理念的不同，归根结底是中西文化的差异造成的。文化决定了中式园林的美学构思，文化催生了西式园林的哲学思考。比较典型的西方园林是凡尔赛宫，正宫前面是一座风格独特、匠心独运的法兰西式大花园，平坦而开阔；还有意大利的台地园，集平台、花坛、水池、喷泉、雕像于一体，与碧水蓝天相掩映，产生一种生动而强烈的色彩和质感的对比。布局方方正正，花草修剪得整整齐齐，一种几何图形之美尽收眼底，毫无疑问，这种造园艺术与自然对立，让自然臣服于人工和科学管理。而中国造园艺术与之截然不同，重在体现“天人合一”的生态理念，不讲究对称和规则，顺应自然状态，亭台楼榭，山环水抱，曲折蜿蜒，一步一景，一景一天地，竭力体现自然之原貌。中国园林比较典型的是“四大名园”：拙政园、颐和园、避暑山庄和留园。

考察中西园林，从美学价值考量入手，结合社会价值和生态价值，可以走向建筑学、城乡规划学、风景园林学相协调的层面。园林文化向着人类所创造的各种人文环境全面延伸，广泛地渗透到人们生活的各个领域。处于当今社会日新月异发展的过程中，研究园林文化是非常重要的，可以在历史长河中找准我们的坐标和方向。

第三节 中西雕塑文化的艺术特点

一、雕塑的定义及分类

梁思成先生曾经说过：艺术之始，雕塑为先。在漫长的历史长河中，雕塑伴随着人类的生产活动应运而生。纵观中西方雕塑发展史，可谓千姿百态，风格各异，在带给人们感动、惊叹的同时，在人们心中也烙下了深深的印记。有别于其他很多艺术形式，雕塑是三维立体的艺术，以实体物质材料为媒介，存在于一定的空间中，可视，可触，可感，因此雕塑又被称为空间艺术。

雕塑分为浮雕与圆雕两种，在制作方法上包含雕与塑两种。其中，雕是做减法，从原物体上去掉不要的，表现的形象从原物体中显现出来，如石雕、木雕等；而塑则是做加法，从无到有，不断地添加，直到塑造出具体的形象，如泥塑、陶塑等。所以，雕塑一词是两种制作方法结合而成的称谓。无论是雕还是塑，在细节的处理上都用到了刻，因此雕塑也称雕刻，是雕、刻、塑三种制作方法的总称。

圆雕是不附在任何背景上，可以四面观赏的完全立体的一种雕塑，如法国雕塑家罗丹创作的青铜雕塑《思想者》、意大利雕塑家米开朗琪罗创作的大理石雕塑《大卫》、中国东汉青铜艺术珍品《铜奔马》、被国外游客誉为“世界最美雕塑”的中国河南洛阳龙门石窟的《卢舍那大佛》等。

浮雕是在平面上雕刻出凹凸起伏的雕塑，依据厚度不同而分为高浮雕、浅浮雕，也有两者相结合的室内外壁画的装饰浮雕，如巴黎凯旋门两侧的浮雕、北京天安门广场上的人民英雄纪念碑（下方镶嵌着十面汉白玉浮雕）。浮雕使用范围广，应用场景不一样，在展现方式和艺术组织上也是多种多样的。浮雕是介乎圆雕与绘画二者之间的艺术形式，运用错觉及透视、层次联系等来体现形象的立体感和空间感。

二、中西雕塑的表现特征

雕塑的材质对表现主题起着重要的作用。材质分两种：硬质材料（如木材、石头、金属、玉块、玛瑙、冰块等）和软质材料（如黏土、石膏、树脂等）。将它们加工、塑造成所需要的形态，从而创造出可视、可触的艺术形象，反映现实生活，表达审美情感。

受不同地域地理环境的影响，东西方雕塑在材质的使用上也各有侧重。除了石刻，中国造像大多采用泥塑彩绘，如著名的敦煌莫高窟彩塑、晋祠的水母像、山西平遥双林寺的韦驮像等，还有形态各异的竹刻、果核雕刻、果壳雕刻、贝壳雕刻、冰雕、玉雕、根雕、角雕、骨雕、瓷雕、彩塑、面塑、陶塑、陶俑等。泥土是有温度的，材料来自大地，最质朴又最有生命力。以彩塑为例，运用泥土材质与中国雕塑的传统技法完成，而西方则大多采用大理石、青铜造像。

由于文化的差异，中西方雕塑的风格也不尽相同。中国传统雕塑注重神韵，不追求形似；西方传统雕塑则注重写实，讲求身材比例、肌肉和骨骼匀称。我们来看敦煌的雕塑和背后的壁画，它们是融为一体的，画中有雕塑，雕塑本身就是一幅画，是分不开的。而西方雕塑则正好相反，如《大卫》《米洛斯的维纳斯》都是独立的，360度呈现，和真人一样，讲究明暗，形体突出。西方绘画也是这样，画中的人物好像是把雕塑搬到了画中一样，每个人都是立体的。而中国的画则达到了画中有诗、有书法、有音乐的境界。

西方雕塑的写实主义风格对世界雕塑艺术影响巨大，但为什么这种风格没有成为东方艺术的主流？这源于东方人特有的价值取向和审美情趣。

最典型的一个例子就是菩萨雕塑，不在于外在的表现，而在于内在的传神。菩萨双手一放，整体的气象就出来了，信众就能跪下朝拜，让人得到心灵的共鸣。古往今来，雕塑不仅凝固了现实与理想，还寄托了人们对永恒的期待。千姿百态的造型、丰富多彩的样式及不同的材质特性，呈现出人类社会不同民族、不同国家、不同时代的人文风貌和审美特征。

中国雕塑见证着古人的辉煌历史，伴随生生不息的中华民族经历了风雨沧桑，从青铜器雕塑繁荣的奴隶社会到石雕兴盛的封建社会，一直发展到当代雕塑。传统的中国雕塑包含陵墓雕塑、宗教雕塑、宫苑雕塑等支系，是雕、刻、塑三种手法的协同应用。中国雕塑有着自己的规律，其中陵墓雕塑历史最为悠久，可以追溯到公元前7世纪，而宫苑雕塑是帝王之都的文化精粹，对中国古代雕塑风格的形成有着很大的影响，也和历史的演变和社会的发展有着密切的关系。

中国的传统雕塑正如中国的建筑一样，展示着不同历史朝代的审美标准。传统雕塑往往同时带有宗教和实用意义，正像这些建筑上的附件一样，在实用中显示着精妙的中国文化，以恢宏的气势表现着时代的雄浑气魄。六千兵马组成的陶塑军阵是秦始皇的陪葬品，肃穆严整，显示着秦军千军横扫、势不可当的气势。敦煌莫高窟以精美的壁画和塑像闻名于世。龙门石窟开凿于北魏太和十八年（494年）迁都洛阳前后，延续至唐朝，雕刻手法浑厚中带着柔和，将庄严之美表达到极致。故宫是中国建筑装饰性雕塑最集中的地方，这里的雕塑造型逼真，写实性与装饰性相结合，工艺精湛。

中国传统雕塑在几千年的发展中留下了无数精华之作，无论是宫廷制作还是民间赏玩，都有着各自不同的艺术高度，在历朝历代中留下了深具中华文化精髓的艺术精品。而雕塑这一特殊的艺术类型，更与周围的建筑环境融为一体，相得益彰。独特的群体组合效果形成一种文化氛围，使传统的文化意境得到充分的体现。

经过漫长的历史长河，我们进入了一个崭新的时代，古老又富有朝气，有着传统的积淀，也有着新的文化需求。雕塑逐渐进入了普通人的生活。中华人民共和国成立后，城市雕塑很受重视，近现代的雕塑逐渐引进西方雕塑的元素，使传统雕塑获得了新的营养。

20世纪50年代末，北京新建十大建筑，有许多雕塑作为建筑的附属物而建成，其中较为典型的是农展馆门前的两组大型群雕和工人体育场的环场雕塑群，将那个年代特有的青春、活力和热情沉浸在创作当中。人民英雄纪念碑就是这个时期最为突出的代表作之一，它是一座公认的艺术价值极高的建筑雕塑佳作。几十年来，中国雕塑展现出迅猛的发展趋势，既受到西方雕塑文化的影响，又保持着中国特有的韵味。

20世纪的雕塑艺术，无论是在形式上还是在功能上，与以往相比都发生了重大的变化。对环境因素的重视是当代雕塑最显著的特征之一，比如东北地区的特色冰雕，造型百态，惟妙惟肖，气势磅礴，美轮美奂，深受人们喜爱。雕塑艺术以健康向上的内容、喜闻乐见的形式、多样化的艺术风格反映着时代的风貌，与普通百姓生活之间的距离越来越近。数量多、手法新、风格多样、用途各异是这个时期城市雕塑发展的特点。身处城市空间，城市雕塑不仅具有纪念意义，还有着更多的审美、教育等新的功能，它们是新城市的文化符号。

雕塑艺术随着人类文明向前发展，今天，这种传统的艺术表现形式逐步进入城市和公众的日常生活中，具有心理、社会、文化层面的象征意义，雕塑已经成为文化建设的一项内容。现代生活中，城市雕塑的艺术水平与质量高低，直观反映着城市的精神面貌、文化素养和文明程度。

西方雕塑艺术源远流长，杰作繁多，竞相闪耀。西方雕塑史可以分为四个时期。第一个高峰是古希腊罗马时期，代表作有古希腊雕塑家米隆于公元前450年左右雕刻的青铜雕塑《掷铁饼者》、古希腊雕塑家阿历山德罗斯于公元前150年左右创作的大理石雕塑《米洛斯的维纳斯》、位于德国柏林勃兰登堡门门顶中央最高处的一尊高约5米的铜制雕塑《胜利女神》。欧洲文艺复兴时期可以称得上西方雕塑艺术的第二个高峰，代表作有意大利雕塑家米开朗琪罗创作的大理石雕塑《大卫》、尼德兰雕塑家克洛斯创作的大理石群雕《摩西井》、意大利雕塑家切利尼创作的青铜浮雕《枫丹白露的狄安娜》。19世纪世界艺术中心在法国，19世纪法国雕塑代表了西方雕塑史上的第三个高峰，代表作有法国雕塑家罗丹创作的《思想者》《地狱之门》《青铜时代》《巴尔扎克》、法国雕塑家吕德为巴黎凯旋门创作的浮雕《马赛曲》。20世纪是西方雕塑史上的第四个高峰，代表作有罗丹的优秀学生法国雕塑家马约尔的大理石雕像《地中海》、法国现代主义雕塑家阿尔普创作的《国王与王后》、英国抽象主义雕塑家亨利·摩尔创作的《家庭群像》。

为什么西方雕塑作品大都是以人体尤其是裸体为题材？这种写实主义风格源于古希腊人的原始审美情趣和雕塑艺术，所以说，古希腊的人文精神是整个西方雕塑艺术的源泉。古希腊人崇拜裸体，崇拜男性力量，对自然和社会有着美丽的幻想，他们相信神与人具有同样的形体、性情和品格，神并不是高高在上的形象。因此，古希腊雕塑参照人的形象来塑造神的形象，以人的力量、骨骼、肌肉、线条来描绘和展示，赋予神更为理想、更为完美的艺术形式。

为什么古希腊如此热衷于力量和彰显力量？这与当年古希腊的战争历史有关。古希腊有很多城邦，每一个城邦都想扩张领土，控制其他城邦，所以城邦间征战不断。当时的城邦公民只有两项义务，一是处理公共事务，二是参与战争。在战争频繁的背景下，武器又不是很先进，作战胜利在很大程度上取决于身体的强壮和凶悍，所以在这样的环境之中，人们崇尚的是身体素质。古希腊人对子女的培养也是围绕政治和战争这两个中心来进行的。据《柏拉图对话录》记载，那个时期的战争全靠士兵肉搏，所以每个士兵都必须保持身体强壮矫健。年轻人用相当多的时间来锻炼自己的身体，他们赛跑、搏斗，当然也会举行拳击和跳跃比赛，目的就是把肌肉练得强壮又柔韧，让自己的身体结实、健美、灵活。可以说，战争使得体育运动备受欢迎。古希腊人看不起运动场上的弱者，所以他们对孩子的体育训练从小孩子会走路的时候就开始了。

古希腊人非常崇尚运动，也就有了各种体育活动和比赛。根据文献资料记载，每到节日，古希腊各个城邦派出最敏捷、最强壮的青年进行体育比赛。青年男女为了显示自己健美的体魄，常常把衣服脱光，博得人们的喜爱和推崇。那些运动场上的优胜者，其美丽的肌体就是雕塑家最理想的模型。古希腊的雕塑艺术是人类艺术史上的奇迹，《掷铁饼者》《米洛斯的维纳斯》《大卫》等众多著名的雕塑作品都是古希腊雕塑艺术水平的体现。古希腊的裸体雕塑，真实地反映了古希腊人对于形体健美的追求，也解释了古希腊人创办奥林匹克运动会的历史渊源。

第九章 中西民俗文化之比较

第一节 中西民俗观念文化

民俗文化（folk culture）是指民间“风俗生活文化”，“泛指一个国家、民族或地区中集居的民众所创造、共享、传承的风俗生活习惯”。“民俗文化具有增强民族认同、强化民族精神、塑造民族品格的功能，可以分为民俗工艺文化、民俗装饰文化、民俗饮食文化、民俗节日文化、民俗戏曲文化、民俗歌舞文化、民俗绘画文化、民俗音乐文化、民俗制作文化等。”①

本章我们重点讨论中西民俗观念文化、民俗节日文化、民俗工艺文化及民俗装饰文化。在中西民俗观念文化中，我们着重讨论中西方对动物和颜色的不同看法及其象征意义。

一、中西方对动物的感性认知

动物千姿百态，特征突出，常被用来描述人或物的某种品质、性格，使表达鲜明具体、形象生动。然而，在英汉语言中，只有少数的同一动物名称具有相同或相似的联想意义。例如：（1）狐狸（fox）——“狡猾”“诡计多端”；（2）狼（wolf）——“残忍凶暴”“贪婪成性”；（3）驴（donkey）、猪（pig）——“愚蠢”“窝囊”；（4）鹦鹉（parrot）——“模仿”；（5）羔羊（lamb）——“温顺”；等等。

① 薛颖：《浅谈本土民俗文化艺术教育资源的开发》，《美术教育研究》2013年第17期，第150-151页。

在同一动物名称的联想意义上，更多的则是差异。

（一）龙（dragon）

龙在西方人心目中是凶恶而丑陋的象征。在基督教神话中，“龙”总是代表邪恶，《圣经》中说龙是被圣乔治用大梭镖捅死的；国外对执法不公的警察也叫“龙”。

在汉语中则恰恰相反，“龙”明显具有至尊至上的感情色彩，蕴含着“权威、力量、才华、吉祥”等褒扬的语义。古代皇帝被称为“真龙天子”，其后代被称为“龙子龙孙”，人们希望自己的后代有出息叫作“望子成龙”，海内外的中华儿女皆称自己为“龙的传人”。龙对中国文化有着深远的影响，成为民族文化传统的一部分，无论是日常生活还是文学作品，都离不开它的踪迹。

汉语中，有关龙的比喻特别多：以“龙蛇飞动”“龙飞凤舞”“笔走龙蛇”形容书法气势奔放、刚健洒脱；以“龙肝凤胆”形容极难得的珍贵食品；以“龙吟虎啸”形容声音响亮雄壮或叱咤风云的气势；以“龙腾虎跃”描绘姿态威武、动作敏捷，还比喻生气勃勃、奋起有为；以“虎踞龙盘”形容地势险要雄奇；以“攀龙附凤”比喻巴结或投靠有权势的人；以“龙凤呈祥”比喻吉利喜庆的事，表达对美好生活的期盼；等等。

（二）狗（dog）

欧美人喜欢狗，视之为爱畜、宠物。狗在西方人日常生活中扮演着重要的角色。欧美人常以狗拟人，如称幸运的人时，就说“a lucky dog”；称位居要津的人，就说“a top dog”；称有经验的水手，就说“a sea dog”；称经验丰富的人，就说“an old dog”。又如“If the old dog barks, he gives counsel.”（“老狗叫，是忠告”）指经验丰富的人所说的话是十分中肯的。

而中国古人一般把狗看作卑贱的动物，与狗相联系的词语通常带有贬义。例如：狗急跳墙、狗尾续貂、狗皮膏药、狗头军师、狗仗人势、鸡鸣狗盗、狼心狗肺、狗血喷头、丧家之犬、落水狗、狗咬吕洞宾、狗眼看人低、狗改不了吃屎、狗嘴里吐不出象牙，等等。真不知是从什么时候开始，我们的祖先把狗看作如此讨厌的东西，这或多或少对狗这种生灵是不公平的，起码狗有忠诚、可靠、勇敢的一面。当然，英语里也有用“dog”来骂人的。

（三）熊（bear）

熊在英语里主要指“脾气暴躁的人”“鲁莽汉”。熊在汉语里有“愚笨”的联想意义，如“你真熊”，是指“你真笨”“你真窝囊”；“熊包”“熊样”，也是形容人无能。然而，熊在俄罗斯人的心目中是特别崇高的形象，1980年莫斯科奥运会曾把熊定为吉祥物。

（四）猫头鹰（owl）

在西方文化中，猫头鹰常常是聪明、智慧的象征。成语“as wise as an owl”即是一例。

在中国文化中，猫头鹰被认为是不吉利的。猫头鹰俗称“夜猫子”，由于它习性昼伏夜出，常在深夜发出凄厉的叫声，令人毛骨悚然。因此，人们把它的叫声与“倒霉、厄运、死亡”等联系起来，并认为它是一种极不吉利的鸟。尽管人们知道它是益鸟，但它在中国民俗文化里仍然扮演了令人讨厌的角色。民间传说认为，猫头鹰要是在谁家发出叫声，就预示着谁家将遭受厄运，因而有“夜猫子进宅，无事不来”的说法。

（五）公鸡（cock）

在西方文化中，“cock”一词可能会使人产生对男子生殖器官的一种庸俗的联想，有时还包含“淫荡、放纵”这样的贬义。而在中国文化中，雄鸡历来具有积极的意义，如“雄鸡报晓”“闻鸡起舞”“金鸡独立”；“中国电影金鸡奖”更是家喻户晓，其英译名中的“金鸡”不是“Golden Cock”，而是“Golden Rooster”（cock为英式英语，rooster为美式英语），就是为了避免西方人可能产生的不好联想。

（六）蝙蝠（bat）

英语国家把蝙蝠看作邪恶的象征，这大概是因为它外观古怪丑陋，居住在阴暗的角落，而且还有吸人血的吸血蝠（vampire bat），提起来就令人恐惧。然而，汉语中蝙蝠的形象与英语中的完全不同。由于“蝠”与“福”同音，蝙蝠被认为是幸福的象征。蝙蝠作为吉祥物，出现在民间的许多图案上。

（七）喜鹊（magpie）

喜鹊在英美国家中指“乱传闲话、唠唠叨叨的人”；然而喜鹊对中国人来说，是“报喜之鸟”，它给人们带来喜讯，如“喜鹊报喜”“门前喜鹊叫，必有贵客到”等俗语。

（八）杜鹃（cuckoo）

英美人认为杜鹃是愚笨之鸟，没有其他的联想意义。杜鹃作为初夏不断鸣叫的益鸟，又叫布谷鸟或子鹃。杜鹃啼声“咯咕咯咕”，被朱熹拟为“不如归去”，因此在汉语中具有“思归、思乡”的联想意义。“布谷”也是杜鹃啼鸣的拟声名称，由于其在汉语中的字面意思，可表示春播时间来临，催促播种。

杜鹃口腔和舌部均为红色，传说中啼鸣得流了血，故有“杜鹃泣血”之说；由此，杜鹃又被古人赋予了“凄凉、忧愁、冤苦”的感情色彩。杜鹃在汉语中还有一个常见的象征意义，即“春天”；杜鹃鸟啼，杜鹃花开，表示春天来临。

（九）蟋蟀（cricket）

英美文学作品中的蟋蟀是以“欢乐、愉快”的形象出现的，给人带来宁静、舒适甚至幸福之感。而蟋蟀在汉语语境中则有萧索凄凉、孤独寂寞的寓意。自古以来，很多文人墨客喜欢借蟋蟀来烘托这种气氛，如杜牧《寝夜》中的“蛩（即蟋蟀）唱如波咽，更深似水寒”，岳飞《小重山》中的“昨夜寒蛩不住鸣。惊回千里梦，已三更”。蟋蟀的叫声所引发的凄凉忧伤之感频繁地出现在中国文学作品中。

岳飞的《满江红》激昂豪放，他的《小重山》则婉约含蓄，以低沉的格调表达了壮志难酬的孤愤；在这首词中，岳飞用蟋蟀的叫声反映了自己惆怅郁闷的心情。《小重山·昨夜寒蛩不住鸣》：“昨夜寒蛩不住鸣。惊回千里梦，已三更。起来独自绕阶行。人悄悄，帘外月胧明。白首为功名。旧山松竹老，阻归程。欲将心事付瑶筝。知音少，弦断有谁听？”

二、中西方对颜色的感性认知

在对颜色词的长期使用过程中，由于民族心理特征的不同，颜色的内涵也在不断扩大，产生了许多“颜”外之意，即颜色词的联想意义。

（一）红色（red）

红色在中国人的心目中象征着热烈、欢快、喜庆、吉祥，是一种具有美感、备受青睐的色彩；而在英美国家中，红色则象征着危险、暴力、恐怖、流血、战争和淫荡（但一些纪念日、喜庆的日子在日历上有用红色标明的，被称为“red-letter days”）。

（二）白色（white）

白色在中西文化中有一个共同象征意义：纯洁无瑕。除此之外，白色在中国还表示恐怖、悲哀和死亡，如在丧礼上贴白纸、穿白衣、戴白帽；在英语国家表示快乐、欢悦、吉利，如“a white day”（吉日）、“a white Christmas”（欢快的圣诞节）。

圣诞节是西方国家最重要的节日。欧美人喜爱户外活动，尤其是滑冰、滑雪，而圣诞节正是冬季滑雪的大好时光。在圣诞节期间，每当大雪纷飞，人们兴奋不已，纷纷奔向滑雪场，尽情地享受着滑雪的刺激和乐趣。因此，人们高兴而直观地称圣诞节为“white Christmas”。这样用“白”来描绘一个重大的喜庆节日，令许多中国人费解。

在我国，春节是盛大的节日，人们往往穿着红色、鲜艳的服装，门口贴着红对联，院里挂着红灯笼，男女老少沉浸在“红”的世界里，而决不会用“白”字来想象、描绘喜庆的春节，尽管春节期间常常是大雪飞舞，银装素裹，“瑞雪兆丰年”。

在西方的婚礼上，新娘总穿白色服装以示洁白如玉。虽然“白”在中国文化中也象征“纯洁无瑕”，但中国传统婚礼上通常是戴大红花，穿红色服装。20世纪以来，受西方文化的影响，中国婚礼上的新娘也开始穿白色婚纱。

（三）黄色（yellow）

黄色在中国文化中，有色情、淫秽的含义，如“黄色影片”“黄色录像带”“黄段子”；在英美文化中，“blue”才具有这种内涵，如“blue films”“blue video tapes”。英语中的“yellow books”并非“黄色书刊”，而是“黄皮书”，如政府发布的报告书，“yellow pages”则是“黄页”之意。

（四）绿色（green）

绿色在汉语中象征着勃勃生机，而在英语中表示“嫉妒”“没有经验”“知识浅薄”等，如“green hand”（新手）、“green with envy”（嫉妒）。

第二节 中西婚礼、葬礼文化

一、中西婚礼文化

婚礼是人一生中最重要的仪式之一，在中西方文化的背景下，呈现出不同的婚礼形式。那么中西方婚礼的差异具体在哪里呢？

（一）婚姻观

大部分中国人的婚姻观念还是相当传统的，认为婚姻是人生中至关重要的一件大事，一定要慎重，而且结婚也不是一个人的事，而是两个家庭的事，因为男女双方各自的家庭都会融入对方的家庭中，得到双方家人的认可才能获得幸福。婚姻中出现第三者是件丢脸的事，也是会受到道德谴责的。传统观念使得人们极为重视家庭，介入别人婚姻的人是会遭到唾弃的，像过街老鼠一样。婚姻对于中国人而言是忠诚，是一辈子的长相厮守，而不是因一时之爱就在一起，不爱了就分开；因为牵扯的问题很多，所以婚姻本身就不是一个单纯的问题。

西方人的婚姻观是简单纯粹的，认为婚姻是属于个人的问题，他人没有干涉的权利，更不涉及道德问题；喜欢一个人就跟他生活在一起，不喜欢就和平分手，各自寻找属于自己的下一段幸福。所以，西方的离婚率也是居高不下的。

在西方，婚姻中的第三者也不会受到太多道德的谴责，他们认为这是个人的自由，喜欢一个人没有错，既然喜欢就勇敢地去追求，不论对方是否有家庭，追求自己的爱是最重要的，相反，已经不再相爱的两个人非得在一起才是残忍的事。因此，西方的家庭观念也是淡泊的。

（二）婚礼地点

中国人结婚讲究热闹和喜庆，一般都会邀请亲朋好友去酒店设宴，把排场搞得很大，以此凸显婚礼隆重热闹的气氛。

西方婚礼突出的是庄重、圣洁和浪漫，一般会选择在教堂举办，也有人选择风景好又比较安静的户外地点举办。

中式喜宴宏大、排场，讲究热闹；而西方喜宴精致、温馨，讲究实际。

（三）婚礼色彩

中西婚礼上的色彩差异显而易见。中式婚礼习惯用代表喜庆的大红色烘托气氛，希望新人能够红红火火、吉祥如意。中式婚礼延续了几千年文化传统，以大红色为主色调，饱含了长辈、亲朋好友对新人未来生活的美好祝愿。

西方婚礼的代表色彩是白色，白色是纯洁无瑕的象征，代表了新人纯真的爱情；白色也代表天使，祝愿新人婚后像天使一样生活得美好幸福。

（四）婚礼服饰

中西方婚礼服饰上的差异也是巨大的。在中国的传统婚礼上，新郎和新娘都是穿红色的礼服，新郎穿着唐装或是汉服，新娘穿着凤冠霞帔、秀禾服、旗袍等。

在基督教教义中，两个人的结合是上帝的旨意，因此婚礼必须是圣洁的，代表纯洁神圣的白色是婚礼上不可或缺的颜色，如白色的婚纱、白色的装饰、白色的蛋糕、白色的婚车等，一切都显得简洁而素雅。新郎的礼服则为燕尾服，配马甲、白衬衫、领带、黑色长裤和黑色皮鞋。

20世纪以来，中国也有很多新娘穿白色婚纱结婚，像西方一样袒胸露肩，追求时尚；男士着西装，在如此重要场合显得得体、隆重。

（五）婚礼习俗

中式婚礼上，不管新人穿传统婚服还是西式婚服，通常都会遵循传统礼俗，如拜天地、拜高堂、夫妻对拜等。届时，新人家里会布置一新，新房、新家具、新被褥，连新人的日常用品也必须是新的；总之，强调一个“新”字，美好浪漫的新生活从此开始了。

在西方的婚礼上，新娘的穿戴中必须有四样东西：“旧（Something Old）、新（Something New）、借（Something Borrowed）、蓝（Something Blue）。旧指新娘的母亲传下来的婚纱、头饰或首饰，代表着承接美好的一切；新指朋友送的礼物，如裙子、饰物，象征新的生活；借指可向任何人借东西，据说从亲友家借来的金银放在鞋内，象征带来财运；蓝指新娘的一些饰物和花束用蓝色，象征着新娘的纯洁及贞洁。”①

（六）婚礼主持

在婚礼上，中西方的主持人是有差别的。在中国通常是新人的长辈、领导或是有恩于新人的人作为婚礼主持人，抑或是请专业的婚礼机构主持人。西方婚礼主持人都是牧师或者神父，因为新人觉得婚礼是神圣的，神父和牧师是神的“代言人”，所以让他们作为婚礼的见证，就是得到神的认可，能够获得幸福。

（七）婚礼礼仪

中式婚礼充满了传统元素，婚礼喜庆热闹，更能让全场人置身结婚的喜悦中，能充分照顾到新郎新娘及双方亲友的个人情感，更有历史厚重感。但是，中式婚礼略显“繁文缛节”，似乎只有这样才能让一生一次的誓言格外刻骨铭心。在婚礼上，新人需要向双方父母行叩拜礼、敬茶等，弘扬的是中国的孝道，感谢父母对自己的养育之恩，是非常重要的仪式。

---

① 李曼曼：《中西文化的冲突与调和——立足于中西婚礼习俗的考察》，《青年与社会》2013年第6期，第73-75页。

敬酒是现代中式婚礼宴会上必不可少的环节。宴会大多使用圆桌，新郎新娘会向家人、朋友挨桌敬酒，感谢他们的到来，接受大家的祝福。婚礼的每个环节多和“良辰吉时”紧密挂钩。

西式婚礼讲究的是神圣和简单。“首先来宾进入教堂入座等候，在《婚礼进行曲》的伴奏下，亲友点上蜡烛，牧师领唱诗班进场，宣布婚礼开始。随后新娘挽着父亲的手步入大堂，伴娘和花童尾随其后，全体来宾起立。父亲将女儿从教堂红地毯的一端送到站在另一端的新郎手里。”[①]牧师为新人证婚，新人许下神圣的誓言。统一着装的男女傧相及天使一般的花童，众星捧月般地把一对新人衬托得像童话里的王子和公主，满足了许多新娘儿时的美梦。西式婚礼给人的第一印象往往就是纯洁、高雅、梦幻，偏重于新人之间的爱意表达，情感会更浓郁一些；而且西式婚礼的形式不拘一格，可以根据新人的偏好，把婚礼设计成各种风格和主题，满足年轻人追求时尚、别致、独特的审美需求。近些年来，随着中西方文化的融合发展，相互之间借鉴采纳，形成了中西婚礼新风尚，越来越多的年轻人接受西式与中式婚礼相结合，更愿意以两种不同的婚礼形式来纪念，以铭记自己人生中最重要的时刻，比如在迎亲时采用中式婚礼格调，在酒店举行仪式的时候采用西式婚礼形式，我们不妨把这种婚礼称作“新中式婚礼”。新中式婚礼不仅融合了简约的仪式流程和中国特色元素，让婚礼风格焕然一新，还结合了西式的浪漫和中式的风雅，每一处细节都散发着高雅之美，让整场婚礼气氛韵味十足，余味悠长。在新时代的潮流下，新中式婚礼令人感受到文化和爱情的魅力，也充分体现了现代多元文化。

---

① 吴悦旗：《结婚，选择在人前还是在神前？》，《世界文化》2012年第6期，第4-7页。

二、中西葬礼文化

（一）中西方对待“死亡”的态度

“生、老、病、死”是任何人都不能逃脱的自然规律。葬礼是人们对死者的祭奠仪式，受到不同的地理环境、历史传统、宗教文化的影响，各国、各民族有着不同的葬礼文化（funeral culture）。葬礼文化是人类最古老的文化，不同民族所形成的葬礼文化没有好坏之分，也无先进与落后之差异，它只是一种约定俗成的规矩，一种社会民俗学的现象。

文学作品似乎总是绕不开“死亡”这个话题，葬礼与死亡更是密不可分，是死亡最直接的体现。葬礼就像是在生死之界上来往的摆渡人，载着离开这个世界的人们去往另一个世界，完成了从生到死的转换。而在不同的社会里，这位“摆渡人”所呈现的是不同的特征。这些特征从不同的土壤生发，隐约透露着文化异质性的根本所在。

西方文化弘扬人的主体意识，能够直面死亡，积极追寻生的意义。因此，西方人大胆而公开地谈论死亡，有着健全的死亡意识。存在主义哲学更是认为死亡是人生的一部分，它是不外于生命的。作家大胆地书写与死亡相关的一切，用文学作品实现对“人”的观照，反观生命之美，感悟生命的意义。这与中国人传统的死亡意识有着较大的差异。有的社会学者认为，中国人恐于谈论死亡，更别说在公开场合谈论这个敏感而忌讳的话题了，这在一定程度上表明中国人的死亡意识是不够健全的。

中国传统文化中存在着重肉体、轻灵魂的思维观念。面对死亡，中国人有三种观念。第一种是信佛信神的人，信佛的想去西方极乐世界；信神的想去天堂。第二种是不信神佛的老百姓，有的认为有下辈子，会重新投胎；有的认为埋入黄土便是到了地下世界，而那个世界跟现实世界一模一样，所以走了的人会时不时地托梦给儿女要钱、要衣服。第三种是为了社会正义而慷慨赴死的仁人志士，他们是彻底的唯物主义者，不相信身后任何东西的存在。这三种人生态度概括了我们中国人所设想的死后归宿。

“基督教的‘死亡文化’是基督教灵魂学说的一部分，意在培养人们对上帝的宗教感情，净化其道德情操，坚定基督教轻尘世、重后世的生死观。”[①]西方的葬礼多数是基督教葬礼。基督教认为，“死亡”是人生旅程中的一段，并不是人生的幻灭，也不是人生的终结。对于信徒来说，死亡不是关上了门，而是敞开另一道门，那就是通向永生之门；死亡不是结束，而是更美的复活。基督教相信，一个人只要诚心悔改，承认自己所犯的一切罪愆，虔心依靠耶稣基督，死后也必和耶稣同在，“不至灭亡，反得永生”；所以，他们相信逝者是去了一个更好的地方（即和主在一起），自己也终有一天会在那个地方与之团聚。因此，西方葬礼也象征着尘世生活的结束和天国旅程的开始。

在美国，“死亡教育”从娃娃抓起。美国的家长和教师，通常在孩子四五岁时就向他们作出对于“死亡”的诠释，当然这种诠释是深入浅出、形象生动的。他们对儿童的“死亡教育”主要有两方面内容：一是教会孩子坦诚面对死亡的事实，正确认识死亡；二是关注孩子对于死亡的情感体验，有益于培养健康的人生态度。笔者认为，让孩子自幼接受“死亡教育”，有助于他们真正理解生命的存在和终结，当亲人离世时能够正确面对死亡，知道如何处理悲痛的情绪。

（二）中西方讣告

中西方讣告都在开篇交代逝者的身份、死亡时间、死亡地点、死因等，其基本内容是一致的，但在语言风格和社会影响力方面还是有差异的。

---

① 倪俭：《中西传统丧葬习俗差异的文化解析》，《重庆职业技术学院学报》2007年第1期，第117-119页。

中国的讣告略显单薄，并没有报纸刊载讣闻的长久历史，也缺少大量的讣闻版面，对此未投入较多的人力和物力。可以说，在我国，讣闻报道长期处于被忽略的状态；而我国的讣闻写作也较为严肃，格式固定，弥漫着沉重的气息。

西方的讣闻报道则广受关注，已成体系，报道内容更为丰富，写作会采取较为轻松诙谐的语言风格，类似于讲故事。关于西方的讣告文化，有这么一个说法："先上讣告，后上天堂。"他们将讣闻看作一场温情告别和谢幕，撰写发布讣闻并使之图文并茂，成为一种艺术，用不一样的方式向生命致敬。

（三）中西方服饰颜色

中国的丧服使用白色，这一传统是从周代开始的。周代产生了五服制度，即按服丧重轻、做工粗细分为五等，分别是：斩衰、齐衰、大功、小功、缌麻。丧礼要求丧服是白色，禁止穿黑色的衣服、戴黑色的帽子。同时，还有两种说法。一是，我们的传统文化中有青黄赤白黑五个正色，五个色彩分别对应五个时节，古代的天子会按这五个时节穿五时衣，白色属秋，秋天万物肃杀，有不祥之感，正好对应死亡。二是，白色为纯色，是最初色，其他的颜色都是后天加工出来的，有伪的成分；礼贵在真，白色质朴、自然、纯真，体现的正是礼教著诚去伪的精神。所以在葬礼上，色彩以白为主，白色带给人的直观感受是纯净、纯洁、空灵和淡雅。

在中国的传统葬礼中，白色是主色调。而白色恰恰是西方用于婚礼的主色调。西方葬礼的主色调是黑色。

从中世纪有钱的富裕阶层开始，直到19世纪，葬礼上选择黑色服装成为西方的普遍潮流。1861年，维多利亚女王至爱的丈夫阿尔伯特亲王溘然长逝。女王为了表达对丈夫的爱，整整四十年每天都穿着黑色服装，直到去世。她对丈夫执着的悼念引领了当时的黑色悲伤时尚，也让她成为王室永久的黑色寡妇的标志。直到1938年，伊丽莎白王太后在母亲玛丽王后的葬礼上，身着白色丧服，并在此后多位亲人的葬礼上也身穿白色丧服。至此，“白色悼念”开始流行。但时至今日，人们还是选择保守的黑色出席葬礼。

可以对比一下：中式婚礼穿红，葬礼穿白；西式婚礼穿白，葬礼穿黑。

（四）中西方葬礼仪式

中国的葬礼中，葬具有寿衣、纸质陪葬物、棺材；受基督教影响，西方的葬礼中，葬具包括圣水、蜡烛、十字架。

中式葬礼还会有唢呐锣鼓、杂耍舞狮、唱大戏；葬礼花钱越多、哭嚎声越响、办得越风光，就会被视为越孝顺。

“随着改革开放的进一步深化，中国人在丧祭礼仪上也悄悄发生了一些微妙的变化，人们开始接受西方的简约形式，送花、追悼等。人们在对死者及死亡的观念上究竟有多大本质的改变还是一个问题，但无论如何，这种形式的变化已经是一个开端，它所孕育出来的也许就是对于生命意义的深刻理解和领会。”①

（五）中西方葬礼气氛

中式葬礼受儒家思想影响，长幼尊卑的传统，构建了千年不变的伦理秩序，在葬礼上气氛凝重、肃穆、悲切，充分体现了中国孝文化；西方葬礼在基督教教义下，认为死亡不是生命的终结，葬礼中“亡者弥撒”的仪式是对复活和永生的渴望和期待，在葬礼上气氛轻松、平和、温馨，体现了浪漫主义情怀。

葬礼仪式上的哭泣怀念与欢乐祝福，其实殊途同归，都是对于生命

---

① 姚振强：《从丧祭礼仪看中西文化差异》，《人民论坛》2010年第32期，第206-207页。

最原始的崇敬。葬礼不仅仅是对生命，也是对死亡的一种尊重。

中国葬礼上经常会出现痛哭流涕的场景，甚至是号啕大哭，撕心裂肺，似有排山倒海之势。人们用哭泣表示哀痛，表示真挚深沉的情感，是出于脑海中根深蒂固的传统道德。儒家的传统道德提倡以哭表临丧之哀，实际上包含着对哀情的人伦效应与社会效应的重视。由此造成人们儿时就对民间葬礼充满恐惧和悲伤，成人之后，每每参加葬礼都会令人沉浸到压抑和悲痛之中。

西方人在葬礼上哀而不伤。“失去亲人，所有人内心同样都很哀伤，但美国人生性幽默乐观，他们心中的哀伤，并不仅仅是通过外在的形式表现出来。人们讲述逝者生前的趣事，引起参加葬礼的人发出笑声，这更让人记住逝者生前的音容笑貌，留给人们更多对逝者美好的记忆。”逝者已逝，最好的慰藉就是生者平安、健康、快乐地生活，这才是逝者所希望看到的，从本质意义上来讲，也是对逝者最好的缅怀和尊重。这种处理方式，就是典型的美国式的“微笑葬礼”。

在我国，“微笑葬礼”并不能为人们所接受，但美国人坦然面对生死的豁达和对孩子进行死亡教育的做法值得我们借鉴。

2018年4月21日，美国前第一夫人芭芭拉·布什的葬礼在休斯敦圣马丁教堂举行。葬礼上，来了一千多位各界名流，其中包括四位前总统、四位前第一夫人。

葬礼整个过程充满了轻松和谐的氛围，没有一丝伤感，没有一句催情。芭芭拉生前选取的赞美诗《欢乐，喜悦，我们崇拜你》贯穿了整场葬礼，完全像一场充满了拥抱和亲吻礼的老友聚会。尽管他们曾经政见不同，但在葬礼上都表现得很轻松，很和谐，一起唱起了赞美诗。

媒体对这场葬礼的报道，让中国人感受到了一场欢乐的西式葬礼，感叹原来中西方文化观念竟有着如此大的差别。致悼词时，芭芭拉的二儿子用他幽默的言语，逗得老布什和他的哥哥小布什笑得肩抖不止，小布什还常跟身边的人说俏皮话，特朗普夫人和奥巴马一笑泯恩仇，来宾之间充满亲情回忆、欢乐、幽默和敬意。葬礼办成这样也是让人开眼界了。

美国前总统里根葬礼的气氛也是平和安详，故旧亲朋依次发言，回忆的都是过往与里根相处的趣事，来客们情不自禁地发出笑声。

不同于中国人用悲伤来表达对逝者的思念，在美国人的葬礼上，无论逝者是显赫人物还是普通人士，常常能听到欢声笑语，人们用微笑敬送所爱的人最后一程。下面是一位美国女士在其亡夫葬礼上的致辞，有笑有泪，发人深思。

今天我不打算在这里赞美我的丈夫
我也不打算说他的任何优点
因为这些大家都已经说了很多
也听了很多
今天我想和大家分享一些
可能让大家感到比较不自在的事情
我想就先从他在床上的表现说起

你们都有碰过
早上启动汽车引擎启动不了的状况吧?
大卫打呼噜的声音就像是这样
不过这只是前奏而已
紧接着，他还会继续制造出
连绵不绝的排气管音效
有时，也因为太大声
连他自己也从睡梦中惊醒
还问："什么声音这么吵啊？"
我总是告诉他：

"是狗在吠！没事，睡吧！"

感觉很好笑吧
但是在他病情恶化之后
这些声音却成为我的一种安慰
提醒着我，大卫他还活着
现在……
我再也无法在睡前听到这些声音

人生就是这样
携手一生记忆最深的却是
这些点点滴滴不完美的小事情
凝聚成我们心中的完美
我衷心地希望
我心爱的孩子们有一天也能和我一样
在漫漫的人生路上
找到一位像他父亲一样
不完美的完美伴侣

葬礼上的哭和笑形成鲜明的两极反差，在美国人的葬礼上发出笑声不会被视为对逝者的不敬，反而是对逝者最好的怀念和敬重。透过葬礼，我们不仅可以窥见异质文化不同的死亡意识，也能体悟异质文化对于生命不同的理解，其中渗透着中西文化核心价值观对于各自社会生活的影响。

第三节　中国玉文化与西方钻石文化

一、宝石的概念

钻石（diamond）和玉（jade）都称为宝石（gem，jewel），宝石是颜色美丽、有光泽、硬度高，可以用来琢磨成饰品的矿物质。矿物学认为，宝石有广义和狭义之分。在广义上，宝石和玉石不分，指的是颜色鲜艳、质地晶莹、光泽灿烂、坚硬耐久，并可琢磨、雕刻成首饰和工艺品的矿物质；在狭义上，有宝石和玉石之分，宝石指的是透明的、闪闪发亮、颜色鲜艳、质地晶莹、坚硬稀少并可琢磨成首饰的矿物单晶体或少数双晶体，如钻石、红宝石、蓝宝石等，钻石、红宝石、蓝宝石、祖母绿和金绿猫眼为举世公认的“五大珍贵宝石”；而玉石是指半透明的、色彩瑰丽、坚硬耐久、稀少，并可琢磨、雕刻成首饰和工艺品的矿物集合体，如翡翠、和田玉、岫玉等，和田玉、蓝田玉、独玉和岫玉有中国“四大玉石”“四大名玉”“四大美玉”之称。

玉石也有狭义和广义之分。狭义的玉专指矿物学意义上的玉，可以分为软玉和硬玉两大类，软玉以和田玉（乳白色为典型颜色）为代表，硬玉以缅甸翡翠（绿色为典型颜色）为代表；广义的玉是文化学意义上的玉，它的范围比较广，不但包括软玉、硬玉，也包括水晶、玛瑙、蛇纹石、汉白玉、珊瑚、绿松石、青金石等品种。有的学者主张将彩石包括在广义的玉石之中。彩石是指颜色和质地较美观细腻而硬度较低、光泽不强但符合工艺美术雕琢要求的中低档工艺美术石材，中国盛产彩石，有“四大彩石”，即寿山石、青田石、昌化石和巴林石，它们也被誉为传统“四大印章石”“四大印石”。“四大彩石”除了刻章外，还被广泛用来制作石雕等雕刻艺术品。其中，寿山彩石被评为“中国国石”。

石之美者为玉。玉石和彩石都是天然的矿物，色彩瑰丽、坚硬耐久，那么为何玉被千百年来的中国人所独爱呢？通过比较，我们可以发现，玉比石坚硬，玉比石细腻温润，所以玉比石更让人喜欢，大概这也是人们所说的灵性吧。

钻石是自然界中天然存在的最坚硬的物质。制作钻石的原料叫金刚石，也就是说，金刚石是钻石的原石，钻石就是在金刚石基础上精雕细琢而成。金刚石也被称为金刚钻，中国有句俗语：“没有金刚钻，别揽瓷器活。”金刚石是由纯碳元素组成的天然单质晶体，也是世界上最坚硬无比的物质，是重要的工业材料，在矿产、航天、原子能、计算机等领域都有广泛应用。

“在地质学中，按相对硬度，将自然界中矿物的硬度分为10级，钻石是硬度为10的标准石，是最硬的，也是硬度为10的唯一的结晶物。钻石的硬度是蓝宝石硬度（9级）的150倍，是水晶硬度（7级）的1000倍。钻石是唯一一种集最高硬度、强折射率和高色散于一体的宝石品种，是任何其他宝石都不可比拟的。”①钻石的硬度为地球之最，价格之昂贵也就理所当然的了。

二、玉文化与钻石文化的历史脉络

（一）玉文化的形成过程

在距今两万多年前的旧石器时代，由于生产力低下，生活繁重艰苦，有许多解释不了的自然现象。先民们用硬度高的石头，以石打石的方法制造工具，后来又把色泽艳丽的美石经过打磨、穿孔，并系上小绳套在颈项上，以避鬼魔求身安，这是最为原始的信仰与寄托。随着生活资源的丰富，先民们感到美石不但能护身避邪，而且还是一种美化自己的东西，这是最原始的审美意识，是最早出现的信念和虔诚。新石器时期，先民们对石器的切削和打磨越来越熟练，技术越来越进步。通过对

① 邸永君：《中国玉文化》，《百科知识》2006 年第10期，第86-88页。

石头的琢磨，人们发现它更加坚硬温润，更具神秘色彩。他们越来越相信这是天地神灵赐予人类的一件宝物，是祈求上苍时用于沟通神灵的一种器皿。后在几千年的社会发展进程中，玉不断地被赋予新的含义，发挥新的作用，并产生了许多和玉紧密联系的神话与传说，终于出现了中国特有的一种玉文化。

关于玉的传说故事有很多，比如传说中女娲补天用的五彩石就是玉，而《红楼梦》就引用了女娲补天的神话作为故事开端。女娲为了补天，炼了36,501块石头，用了36,500块，剩下了一块未用，就扔到无稽崖青埂峰下，这块石头幻化为贾宝玉口中的通灵宝玉，能开口说话，成为贯穿《红楼梦》整个故事的重要线索。

有学者认为，华夏文明的一个重要标志物就是玉礼器。在距今约8000—7000年前的兴隆洼文化遗物中，玉器被确认为考古发现的时代最早者，更是中华民族崇玉文化的肇始。距今约6500—5000年前的红山文化玉器便是基于兴隆洼文化的传承；在红山文化的遗址中出土了大量玉制作的首饰等饰物，其中最著名的莫过于红山玉龙等玉器，该文化以其丰富独特的内涵而蜚声海内外，为中国古代玉文化发展史揭开了辉煌灿烂的篇章。

当时的人们认为，玉能代表天地四方的神灵和人间的帝王，能够增进神与人之间的感情交流，传达上天的意志和旨意，是天地宇宙和人间祸福的主宰。人们寄希望于通过玉器来实现封神通天的梦想，由此可见玉器在当时崇高的地位和重要的影响。从石器到玉器，人类进化了将近100万年。我们的祖先在对玉器的使用和制造过程当中，能选择这样特殊的材质和特殊的纹饰，制造出具备着某些神奇功能和作用的器皿。我们可以骄傲地说，中华民族开创了世界史上独一无二的玉器时代；在这个距今6000万—4000万年前的玉器时代，人们还用玉雕琢、制作生产工具如刀、斧、箭等，祭器如玉蝉、玉塞、玉衣等，礼器如琮、璧、璋等，杂器如玉屏、玉杯、玉带等，各种各样、用途广泛的玉器已经成为社会物质文明的组成部分。

中国是世界上主要的产玉国之一，不仅历史悠久，而且分布地域也非常广，蕴含量也很丰富。如今，玉器在社会生活中的地位更高，应用更广泛，影响力更大。尽管不断受到新兴时尚和其他奢侈品的冲击，玉石仍被视为稀有、高洁之物。在不少国人心中，一块宝玉可能比钻石更珍贵。

（二）钻石文化的形成过程

钻石是最华丽的宝石之一，它比玉形成的年代要早得多，据考古学家称，它是在恐龙时代之前形成的。由于地幔中的高温和高压，碳原子固化，钻石因此在岩浆烈焰中孕育而成，随着地幔导向的火山管喷发，这是钻石的起源机制。简单地说，钻石是在地球深度高压高温条件下形成的一种由碳元素组成的单质晶体。公元前4世纪左右，印度的第一个钻石矿被开采。在古代，印度是唯一发现钻石的地方，一直到1726年，印度是全球钻石的主要生产国。随着对钻石的需求增加，越来越多的国家加入了钻石争夺战。钻石的生产不再局限于印度，俄罗斯、博茨瓦纳、刚果、加拿大、津巴布韦、安哥拉、南非和莱索托是目前钻石产量最高的国家。俄罗斯是最大的毛坯钻石生产国和出口国。并非所有钻石都是无色的，还有其他颜色，如红、绿、橙、黄、棕黑、粉、蓝等。

钻石的挖掘、加工程序十分复杂，且工程量巨大。现代化的地下开采将埋在地下很深的钻石矿挖掘出来，大规模的地面爆破将含有钻石的矿石粉碎，再由巨型挖掘机铲起来运载；再通过传送带源源不断地运向车间，等待进一步处理；然后，要送到粉尘厂进行卷矿，最后得到一小部分钻品。钻品中的大部分只能用于工业产品，只有20%的宝石级钻石才能切磨成装饰品，由此可见钻石的挖掘与加工之难。目前，全世界黄金存量大约是13.74万吨，钻石储量大约是600吨；13.74万吨与600吨之间相差了200多倍，从这个对比当中，我们能够看出钻石的稀少与珍贵。也正是因为钻石的价格无比的昂贵，所以它被人类发现之后，就立即凌驾于其他宝石之上，成为全世界公认的宝石之王。

钻石的加工技术经历了漫长的摸索之路，直至1919年，由美国数学家设计出了具有58个刻面的标准圆钻石琢型。当钻石内部全反射出来并伴有彩光时，钻石才以洁白、明亮、闪烁着光彩的高雅外姿，傲居众多宝石之首，展现出神奇的艺术魅力。

13世纪之后，钻石逐渐成为欧洲皇室和上流阶层的时髦配饰，它的美丽让王室为之疯狂，很多人将它镶嵌在了自己的王冠和权杖之上；因为王室认为，钻石世间罕有，是上天赐给人类的礼物，必定蕴藏着无与伦比的权力和力量。法国国王路易九世对钻石膜拜至极，除了自己佩戴外，曾一度禁止国内其他人佩戴钻石。俄国沙皇曾将900多颗钻石镶嵌在王座上，皇冠上更是镶满了钻石。

英国王室是用钻石珠宝展示权力和地位的典型，收藏有20多万件宝石或宝器，可谓世界上最大的皇家珠宝博物馆。英国王室拥有一顶闻名于世的帝国王冠，世界上已知的第二大钻石“库里南2号”就镶嵌在这顶王冠之上。

伊丽莎白二世1953年加冕的时候佩戴的帝国王冠上镶着2868颗钻石、273颗珍珠、17颗蓝宝石、11颗翡翠和5颗红宝石，奢华至极。这顶王冠1937年制成，与1838年版的帝国王冠在形状上几乎一模一样。世界第一大钻石“库里南1号”，号称“非洲之星”，镶嵌在英国君王的权杖上。时至今日，在英国王室的加冕典礼中，仍然沿用镶有钻石的皇冠作为权力的象征。每年5月的英国国会开幕典礼，英国女王都会华袍加身，头戴王冠，隆重出席，君王荣光不减，试图证明“日不落帝国”余晖依在。2012年，为庆祝伊丽莎白二世登基60年，英国王室策划了“钻石庆典”，这颗重达530.2克拉的“非洲之星”钻石才得以首次公开展示。

三、玉的象征意义与钻石的神话

（一）玉的礼仪化、人格化和道德化

在中国，天然的美石或由其打磨成的器具成了人格化的君子的代表。回溯古老中国2000余年的玉文化历史，古代玉器走过了漫长的历程，玉器文明已经渗入民族血液之中。如今，古老而神奇的玉器已成为一种人格的象征、一种财富的象征，以及一份美好的祈愿。除此之外，或许玉还承载了人们对久远历史的追忆和对古老文明的传承。古人认为，玉石是由天地万物的精华凝聚所成，具有一些神奇的特殊的力量。春秋战国之后，人们更是把玉器高度人格化、道德化，玉被赋予了高尚的君子的品德。到了东汉时期，《说文解字》的作者许慎根据孔孟学说，赋予玉"五德"：仁、义、智、勇、洁。

"玉"字在中国人心目中是一个充满美好寓意的字眼。人们在日常生活中喜欢用玉来形容高尚的人和美好的事物，比如我们会用"温润如玉"来形容一个人的品性温和善良；当遇到一对美好的恋人时，我们会祝福他们成就"金玉良缘"；人们发言的开场白也常常是"抛砖引玉"，这样的例子可以说不胜枚举。翻开成语词典，一个个与玉有关的成语扑面而来，数不胜数，常用来比喻和形容一切美好的人和事物。

"金玉满堂""锦衣玉食""琼浆玉液""琼楼玉宇"等成语折射出玉的财富象征意义；古代为了占有玉璧而不惜发动战争，"完璧归赵"是发生在战国后期的故事，可见当时美玉价值连城，绝非夸张；对人的品貌之美的描述，有"亭亭玉立""临风玉树""如花似玉""小家碧玉""金枝玉叶""美如冠玉""冰肌玉骨""粉妆玉琢""怜香惜玉""香消玉殒""冰清玉洁""守身如玉""宁为玉碎，不为瓦全""他山之石，可以攻玉"等；对人的才华的赞美，有"金玉良言""字字珠玉""金辉玉洁""金章玉句""玉汝于成"等，而"金

玉其外，败絮其中”是比喻那些外表华美而实质糟糕的人；“金科玉律”“金口玉言”表示统治阶级清规戒律的神圣；“堆金砌玉”“金振玉声”等将中国古代的龙庭殿宇和王权烘托得至高无上；还有“玉石俱焚”“化干戈为玉帛”“玉不琢，不成器”，等等。这种将玉器作为美德载体的文化现象，在全世界是独一无二的。

在中国文化中，玉被认为是山川的精英，是上天的奥义，它承载着一种文明。在王权主宰的社会里，玉是沟通上天的神器，是最神圣的王权的代表。在现代社会里，玉象征着庄严的礼仪，寓意着高贵的品质。人们把最美好的字眼赋予玉，甚至希望它能护佑着人们长生不老。究竟是什么力量，让这个古老的国度把美好的期望凝聚到这种天然矿物上且传承数千年，跨越了遥远的时空？这些来自历史深处的珍品向后人传达着神秘而厚重的文化。

从新石器时代早期绵延至今的玉文化是中华文明有别于世界其他文明的显著特征。中国是爱玉之国、崇玉之邦。在如今注重生活品质的城市生活中，玉器更多地成为人们喜爱的首饰之品，其功能和意义更加广泛，其设计风格更加丰富多彩。有人佩戴玉器，有人把玩玉器，有人收藏玉器，可谓无玉不欢，而凝聚着古老文明的古代玉器则在博物馆的陈列室里向游人传达着远古的讯息。

（二）钻石的爱情化和商业化

钻石的英文名称Diamond源自希腊语adamant，意为“难以征服”，这准确地反映了钻石无与伦比的坚硬特性，因此该名称自16世纪中期开始沿用至今。

人们发现的最为坚硬的宝石被看作是爱情坚贞不渝的象征。同时，钻石的价格也极其昂贵，经常被人们视为财富和地位的象征。爱情和财富总是能激发人们的想象力，所以钻石也成为各种恋爱或者冒险故事中的重要角色。

到了1870年，随着南非发现了巨型金刚石矿，金刚石产量大增，一夜之间已经不稀缺了。如果按这样的趋势发展下去，很快金刚石的价值就会和普通的水晶差不多了。经营钻石的资本家怎么能放任这种情况发生？于是，英国金融家塞西尔·罗得斯抢先买下了这座金刚石矿，并创建了大名鼎鼎的德比尔斯矿业公司，于是一场长达百年的营销骗局开始了。首先，德比尔斯公司收购控制了全世界主要的金刚石矿，随后控制开采的节奏；每年就开采一点儿金刚石，人为地制造出钻石稀缺的状态。其次，德比尔斯公司又通过巨额且持续的广告投入，几乎将钻戒塑造成了求婚的必备条件，并推出了一句闪耀整个商业史的广告语——“A diamond is forever.”（“钻石恒久远，一颗永流传。”）使得世界上很多将要结婚的女人都想要一颗钻戒，而且越大越好，越贵越好。通过一系列“神操作”，钻石的价格不但没有下降，反而节节攀升。

其实在近代，钻石与爱情完全不沾边，它仅仅是权力和富贵的象征，或者是象征着家族的延续。是德比尔斯公司的匠心独运将钻石与爱情绑定在一起。在钻石营销的背后是消费主义，是资本主义从生产转变为消费的社会现象，人们更多地去购买过度包装和徒有其表的产品，也许本身对这些产品根本没有任何实际的需求，纯粹是为了消费而消费。每块钻石有着不同的价格，但是爱情无价，很多喜欢钻石的人都是因为钻石或许可以代表彼此不变的爱，这是金钱所不能衡量的。

1953年，玛丽莲·梦露主演了一部音乐舞蹈片《绅士爱美人》。在影片中，女主角讲了一句经典台词：“钻石是女人最好的朋友。”把钻石的销售又一次推向了高潮。

当今世界，只要一提及钻石，大家就立刻想到“钻石恒久远，一颗永流传”的广告语，可见德比尔斯的营销策略是多么的成功，是多么的深入人心。钻石是目前为止发现的最为坚硬的宝石，在人们心中一直是纯粹坚定的象征，承载着无数恋人对浪漫爱情的向往。钻石纯洁透明、经久不变，是纯洁爱情的标志，意味着对爱情的永恒追求和忠贞。钻石等于爱情，意味着很少有人会卖掉钻戒——难道爱情是可以买卖的吗？就算真的有人卖，谁会买呢？——难道爱情是二手的吗？二手钻石被极大抑制，钻石市场的供不应求便能长期保持。如今，中国消费者也已经广泛接受钻石文化，逐渐形成了“无钻不婚”的全新理念。

也许在不少人看来，“假的永远真不了”。但对于钻石来说，情况确实有所不同，人造钻石和天然钻石几乎一模一样。因为形成金刚石本身的元素就是普通的碳原子，和我们烧的煤和石墨的构成元素没有什么区别，只是构型不一样。只要掌握了金刚石形成的压力和温度，制造起来就没有什么太大的难度。所以在人工钻石的冲击下，钻石的价格开始了大幅度的下降。现在中国生产的人工钻石在性质、色泽、颗粒等方面与天然钻石没有任何的区别，而且还可以按个人的喜好定制有个性的钻石，比如我喜欢粉色的钻石，那么就可以通过添加相应的微量元素，培育出粉色的钻石。在人工钻石的巨大压力之下，2018年国际上对钻石的定义进行了修改，将“天然”二字去掉，也就是说以后统统都是一样的钻石。百姓对钻石的奢望已经变成眼前的现实，西方的钻石文化不得不随着时间的推移、科技的进步而发生变化。

参考文献

[1] 博克尔. 英国文化史[M]. 胡肇椿，译. 北京：商务印书馆，1936.
[2] 朱光潜. 朱光潜美学文集（第二卷）[M]. 上海：上海文艺出版社，1982.
[3] 许渊冲. 翻译的艺术[M]. 北京：中国对外翻译出版公司，1984.
[4] 庄锡昌，顾晓鸣，顾云深，等. 多维视野中的文化理论[M]. 杭州：浙江人民出版社，1987.
[5] 郁龙余. 中西文化异同论[M]. 北京：生活·读书·新知三联书店，1989.
[6] 罗荣渠. 从“西化”到现代化[M]. 北京：北京大学出版社，1990.
[7] 罗伯逊. 社会学（下册）[M]. 黄育馥，译. 北京：商务印书馆，1991.
[8] 泰勒. 原始文化[M]. 连树声，译. 上海：上海文艺出版社，1992.
[9] 莎士比亚. 莎士比亚十四行诗一百首（英汉对照）[M]. 屠岸，编译. 北京：中国对外翻译出版公司，1992.
[10] 吴翔林. 英诗格律及自由诗[M]. 北京：商务印书馆，1993.
[11] 关世杰. 跨文化交流学[M]. 北京：北京大学出版社，1995.
[12] 埃斯普马克. 诺贝尔文学奖内幕[M]. 李之义，译. 桂林：漓江出版社，1996.
[13] 季羡林，张光璘. 东西文化议论集（上册）[M]. 北京：经济日报出版社，1997.
[14] 谭家健. 中国文化史概要（增订版）[M]. 北京：高等教育出版

社，1997.
[15] 贾玉新. 跨文化交际学[M]. 上海：上海外语教育出版社，1997.
[16] 梁漱溟. 东西文化及其哲学[M]. 北京：商务印书馆，1999.
[17] 史仲文. 中西文明的历史对话[M]. 呼和浩特：内蒙古人民出版社，2000.
[18] 汪榕培. 英语词汇学研究[M]. 上海：上海外语教育出版社，2000.
[19] 斯特恩. 语言教学的基本概念[M]. 上海：上海外语教育出版社，2000.
[20] 罗钢，刘象愚. 文化研究读本[M]. 北京：中国社会科学出版社，2000.
[21] 斯特里纳蒂. 通俗文化理论导论[M]. 阎嘉，译. 北京：商务印书馆，2001.
[22] 吕叔湘. 中诗英译比录[M]. 北京：中华书局，2002.
[23] 中国社会科学院语言研究所词典编辑室. 现代汉语词典（汉英双语）[M]. 北京：外语教学与研究出版社，2002.
[24] 方汉文. 比较文化学[M]. 桂林：广西师范大学出版社，2003.
[25] 刘重德. 西方译论研究[M]. 北京：中国对外翻译出版公司，2003.
[26] 赵毅衡. 诗神远游——中国如何改变了美国现代诗[M]. 上海：上海译文出版社，2003.
[27] 许渊冲. 文学与翻译[M]. 北京：北京大学出版社，2003.
[28] 吕煦. 实用英语修辞[M]. 北京：清华大学出版社，2004.
[29] 徐行言. 中西文化比较[M]. 北京：北京大学出版社，2004.
[30] 刘天华. 凝固的旋律：中西建筑艺术比较[M]. 上海：上海古籍出版社，2005.
[31] 梁启超. 梁启超讲文化[M]. 天津：天津古籍出版社，2005.
[32] 许渊冲. 翻译的艺术[M]. 北京：五洲传播出版社，2006.

［33］柏拉图. 斐多：柏拉图对话录[M]. 杨绛，译. 北京：中国国际广播出版社，2006.
［34］司马云杰. 文化社会学[M]. 太原：山西教育出版社，2007.
［35］辜正坤. 中西文化比较导论[M]. 北京：北京大学出版社，2007.
［36］刘凤霞. 跨文化交际教程（第二版）[M]. 北京：北京大学出版社，2009.
［37］钱穆. 人生十论[M]. 北京：生活・读书・新知三联书店，2009.
［38］郭著章，江安，鲁文忠. 唐诗精品百首英译（修订版）[M]. 武汉：武汉大学出版社，2010.
［39］卓振英. 汉诗英译论纲[M]. 杭州：浙江大学出版社，2011.
［40］钱穆. 中国历代政治得失[M]. 北京：生活・读书・新知三联书店，2012.
［41］柯尔律治. 柯尔律治诗选（英汉对照）[M]. 杨德豫，译. 北京：外语教学与研究出版社，2013.
［42］楼宇烈. 中国的品格[M]. 成都：四川人民出版社，2015.
［43］张智中. 汉诗英译美学研究[M]. 北京：商务印书馆，2015.
［44］张飞龙. 消费文化——神圣与世俗的战争[M]. 石家庄：河北教育出版社，2015.
［45］习近平. 决胜全面建成小康社会　夺取新时代中国特色社会主义伟大胜利[M]. 北京：人民出版社，2017.
［46］任继愈. 任继愈谈道家与道教[M]. 北京：石油工业出版社，2018.
［47］梁漱溟. 中国文化要义[M]. 上海：上海人民出版社，2018.
［48］钱穆. 中华文化十二讲[M]. 贵阳：贵州人民出版社，2019.
［49］钱穆. 中国历史精神[M]. 贵阳：贵州人民出版社，2019.
［50］钱穆. 民族与文化[M]. 贵阳：贵州人民出版社，2019.
［51］钱穆. 历史与文化论丛[M]. 贵阳：贵州人民出版社，2019.
［52］季羡林. 清华园日记[M]. 北京：北京十月文艺出版社，2020.

[53] 楼宇烈. 中华文化的感悟[M]. 北京：商务印书馆，2021.
[54] 钱穆. 八十忆双亲　师友杂忆[M]. 北京：生活·读书·新知三联书店，2021.
[55] 卞之琳. 完成与开端：纪念诗人闻一多八十诞辰[M]//闻一多纪念文集. 北京：生活·读书·新知三联书店，1980.
[56] 刘英凯. 关于“音美”理论的再商榷[M]//杨自俭，刘学云. 翻译新论（1983—1992）. 武汉：湖北教育出版社，2003.
[57] 许渊冲. 三谈“意美、音美、形美”[J]. 深圳大学学报（人文社会科学版），1987（2）：70-77.
[58] 张岱年. 儒学与儒教[J]. 文史哲，1998（3）：5-6.
[59] 连淑能. 论中西思维方式[J]. 外语与外语教学，2002（2）：43-49.
[60] 王宝童. 关于英语诗用韵的思考[J]. 外国语（上海外国语大学学报），2002（2）：59-65.
[61] 杜莉. 中西酒文化比较[J]. 扬州大学烹饪学报，2004（1）：1-4.
[62] 王俊霞. 美国的个人主义与中国的集体主义[J].佳木斯大学社会科学学报，2005（2）：80-81.
[63] 俞蕾，韩亚文. 试论中西方思维方式差异在文化上的体现[J]. 淮海工学院学报（社会科学版），2005（2）：84-89.
[64] 潘卫民，毛荣贵. 语言的音韵美及其翻译再现[J]. 中南大学学报（社会科学版），2006，12（1）：116-120.
[65] 秦晖，韩德强. 关于中西文化制度比较的对话[J]. 社会科学论坛，2006（8）：82-118.
[66] 邸永君. 中国玉文化[J]. 百科知识，2006（10）：86-88.
[67] 倪俭. 中西传统丧葬习俗差异的文化解析[J]. 重庆职业技术学院学报，2007（1）：117-119.
[68] 苗靖. 浅谈中西方服饰文化的异同[J]. 美术大观，2007（11）：

76.

[69] 陈国坚. 三十年诗词西译杂谈——兼评许渊冲教授的三美论[J]. 广东外语外贸大学学报，2008（1）：20-24.

[70] 孔祥立. “三美”论：《红楼梦》诗词翻译的理想标准——以许渊冲《葬花吟》英译为例[J]. 唐山师范学院学报，2008（4）：12-15.

[71] 许峰. “文化”的内涵及翻译[J]. 郑州航空工业管理学院学报（社会科学版），2008（4）：94-96.

[72] 吕煦，李周红. 思维模式差异对英语写作的影响及策略研究[J]. 教学与管理，2008（15）：86-88.

[73] 梁溪. 当代儒教研究简述[J]. 儒教研究，2009（1）：134-140.

[74] 敬静. 西装廓型演变史初探[J]. 艺术科技，2009，32（7）：134-135.

[75] 时秀梅. 文化与跨文化管理相关理论[J]. 中国商界（上半月），2009（9）：77-78.

[76] 周彬，涂靖. 等级突显下的跨文化预设与误解[J]. 绵阳师范学院学报，2010，29（3）：84-87.

[77] 侯瑞君. 外语教学中文化知识内容范畴的界定[J]. 牡丹江师范学院学报（哲学社会科学版），2010（4）：91-94.

[78] 姚振强. 从丧祭礼仪看中西文化差异[J]. 人民论坛，2010（32）：206-207.

[79] 钱凤莲，李伯军. 论中美价值观差异——以大学英语课文“Mr. Doherty Builds His Dream Life”为视角[J]. 当代教育理论与实践，2011，3（2）：153-154.

[80] 李周红. 高校外语教学与中国文化核心价值观的培养[J]. 石家庄铁道大学学报（社会科学版），2011，5（2）：66-70.

[81] 王泽应. 伦理精神、道德品质与文明盛衰的机理探析[J]. 齐鲁学

刊，2011（6）：72-77.

[82] 魏峰. 中国筷箸文化初探[J]. 武汉商业服务学院学报，2011，25（6）：8-10.

[83] 张春柏. 文学翻译中的节奏与旋律[J]. 外语教学理论与实践，2012（4）：42-47.

[84] 吴悦旗. 结婚，选择在人前还是在神前？[J]. 世界文化，2012（6）：4-7.

[85] 李曼曼. 中西文化的冲突与调和——立足于中西婚礼习俗的考察[J]. 青年与社会，2013（6）：73-75.

[86] 刘维贵. 大学生校园亚文化发展建设研究[J]. 青春岁月，2013（14）：205-206.

[87] 薛颖. 浅谈本土民俗文化艺术教育资源的开发[J]. 美术教育研究，2013（17）：150-151.

[88] 陆婷婷. 民族服饰——民族文化的符号形式[J]. 美术教育研究，2014（13）：54.

[89] 邓晓芒. 中西正义观之比较[J]. 华中科技大学学报（社会科学版），2015，29（1）：60-69.

[90] 孔润年. 道贯天地人，德通儒道佛——任法融道德思想述评[J]. 价值论与伦理学研究，2019（1）：26-45.

[91] 涂良川. 中国式现代化新道路的三重逻辑[J]. 学术交流，2021（12）：4-14.

[92] 张九童，邹广文. 中国现代性建构的矛盾语境与文化选择[J]. 理论探讨，2022（3）：110-117.

[93] 史成业. 英汉诗律比较研究[D]. 曲阜：曲阜师范大学，2000.

[94] 胡勤. 中国传统建筑的伦理意蕴[D]. 长沙：湖南师范大学，2010.

[95] 刘昇. 汉英饮食范畴概念隐喻对比研究[D]. 长沙：湖南师范大学，2010.

［96］庞瑛. 中西方饮食文化比较研究[D]. 咸阳：西北农林科技大学，2011.

［97］李菡. 许渊冲诗歌翻译的美学追求——从《汉英对照唐诗三百首》谈起[N]. 中国新闻出版报，2003-03-06（3）.

［98］甲申文化宣言[N/OL]. 中国青年报，2004-09-08. http://zqb.cyol.com/content/2004-09/08/content_945394.htm.

［99］汪涌. 专访张艺谋：浪漫是开幕式最大特点 骄傲一个创意[EB/OL]. (2008-08-09). http://2008.sina.com.cn/hx/other/2008-08-09/0015171106.shtml.

［100］门杰丹. 余秋雨重新给“文化”下定义[EB/OL]. (2010-04-15). http://news.sohu.com/20100415/n271535174.shtml.

［101］新华社. 国务院新闻办发表《中国的和平发展》白皮书[EB/OL]. (2011-09-06). http://www.gov.cn/jrzg/2011-09/06/content_1941204.htm.

［102］新华社. 习近平在韩国国立首尔大学的演讲[EB/OL]. (2014-07-04). http://www.gov.cn/xinwen/2014-07/04/content_2712400.htm.

［103］钱彤，刘华. 习近平呼吁维护世界文明多样性[EB/OL]. (2014-09-24). http://politics.people.com.cn/n/2014/0924/c1024-25727246.html.

［104］高慧斌. 缺少音乐性是新诗的软肋——谢冕、叶嘉莹、王久辛、李山谈新诗音乐性[EB/OL]. (2016-07-13). http://www.chinawriter.com.cn/n1/2016/0712/c404033-28547405.html.

［105］新华社. 亚洲文明对话大会[EB/OL]. (2019-05-14). http://www.xinhuanet.com/world/cdac2019/sdjd.htm.

［106］新华社. 习近平致甲骨文发现和研究120周年的贺信[EB/OL]. (2019-11-02). http://www.xinhuanet.com/politics/leaders/2019-11/02/c_1125184398.htm.

[107] 凤凰网文化. 凤凰网举行第四届全球华人国学大典颁奖礼　多位名家震撼发声[EB/OL]. (2020-11-29). https://culture.ifeng.com/c/81nJV9f0IZT.

[108] 新华社. 2020年美国侵犯人权报告[EB/OL]. (2021-03-24). http://www.xinhuanet.com/2021-03/24/c_1127250192.htm.

[109] 央视网. 习近平在中国文联第十一次全国代表大会中国作协第十次全国代表大会开幕式上强调　增强文化自觉坚定文化自信　展示中国文艺新气象铸就中华文化新辉煌[EB/OL]. (2021-12-14). http://politics.people.com.cn/n1/2021/1214/c1024-32308035.html.

[110] 新华社. 国务院新闻办公室发布《新时代的中国青年》白皮书[EB/OL]. (2022-04-21). http://www.xinhuanet.com/politics/2022-04/21/c_1128580359.htm.

[111] Drew, E. Poetry, A Modern Guide to Its Understanding and Enjoyment[M]. New York: Dell, 1959.

后 记

经过近三年的中西文化资料的研读和艰苦而紧张的写作，书稿终于完成了。书稿是本人独立承担的河北省高等院校人文社会科学研究青年基金项目成果，在即将付梓之际，我倍感欣慰，我要真诚地感谢给予我悉心指导、倾情帮助的前辈老师们。

北京师范大学博士生导师田贵森教授指导确定了总体框架与纲要，河北开放大学邢发国教授在章节安排和论述重点上提出了科学而中肯的建议，中国文学出版社李子亮译审在文字表述和术语规范上严格把关，美国得克萨斯大学达拉斯分校（UTD）博士郭钦副教授提供了大量的英文参考资料并分享了她本人独到的见解。在此，一并表达深深的谢意！

十分感谢中国出版集团华文出版社的厚爱和编辑老师的悉心指导，还要感谢梁秋丽老师的精心策划和辛勤付出。

回顾近三年辛苦的创作过程，有父母和爱人的大力支持和关照，我才得以在教学之余专心致志地研读写作，书稿才得以顺利完成，在此由衷感谢家人的爱和付出。

拙著付梓面世，心情既激动又忐忑。希望本书能接受广大读者的检验，书中难免有疏漏、舛误之处，敬请专家和读者批评指正。

吕汝茵

2023年6月